İŞİN
Neşesi

Simone Milasas

Gary M. Douglas'ın büyük katkısıyla

ACCESS
CONSCIOUSNESS
PUBLISHING

İşin Neşesi

Copyright © 2013 Simone A. Milasas
ISBN: 978-1-63493-008-6

Tercüme eden: Sertaç Dilekcan

Access Consciousness Publishing, LLC tarafından yayınlanmıştır.
www.accessconsciousnesspublishing.com
Amerika Birleşik Devletlerinde basılmıştır.
İkinci Baskı
İlk Baskı Copyright © 2012 Simone A. Milasas,
Big Country Publishing, LLC tarafından yayınlanmıştır.

"İşin Neşesi'ni Türkçeye çevirirken gösterdikleri istek, büyük ilgi ve maharetleri için Sertaç ve Ebru Dilekcan'a olan engin şükranlarımı da burada ifade etmek isterim. Access Consciousness ve İşin Neşesi'nin Türkiye'de genişlemesine ve Türkiye'deki olasılıkların en yüksek düzeye çıkması yolunda bu çalışma muazzam bir katkıdır. Şimdi nelerin mümkün olduğunu görmeyi dört gözle bekliyorum. Keyfini çıkarın." Simone Milasas.

Bu kitap hakkında

Eğer iş dünyasında olmak, kendiniz ve bu gezegen için tamamen farklı bir şey yaratmak ve oluşturmak arzusunda iseniz bu kitap tam da sizin için. İş veya çalışma – her nasıl adlandırıyorsanız-hayatımıza, yaşantımıza ve realitemize nasıl şekil verdiğimizin ardındaki devasa bir güçtür. Kendinizi kısıtlı, sıkıcı ve kar getirmeyen konvansiyonel iş yapma yöntemi içinde sıkışmış mı hissediyorsunuz? Hiç de bu şekilde olmak zorunda değil. Ya iş yapmak yaratıcı, oluşturucu ve neşeli olabilseydi? Bu mümkün.

İşin Neşesi, işin olabileceği fark hakkındadır. Ancak bu bir "nasıl yapılır?" kitabı değildir. İşinizdeki problemleri veya ikilemlerin cevaplarını size vermek için yola çıkmış bir kitap da değildir. Bunun yerine sizin için, işinizi tamamiyle farklı bir biçimde yürütmeniz için gerekli alanı açar. Hayatınızı ve işinizi bambaşka bir perspektif ile nasıl yaratabileceğinizi gösterecek sorular, alıştırmalar, araçlar ve prosesleri içermektedir.

Ben, sözcüğün genel anlamı itibariyle bir iş uzmanı değilim. Adımın arkasında uzunca bir iş diplomaları, titr ve yetki gösteren harfler listesi yok. Fakat, bu kitapta sunduğum, uzun yıllar sonunda elde edilmiş dünya çapında birinci elden iş idaresi hakkındaki deneyimler ve iş yapmanın neşeli bir şey olduğu bakış açısıdır. Ben, *İşin Neşesi*'ni sizinle paylaşmak ve sizi bilişinizi izlemeye, kendinize sorular sormaya ve iş yapma yönteminizi sonsuza dek değiştirebilecek Access ConsciousnessTM araçlarını kullanmaya davet etmek istiyorum.

İçindekiler

Sonsuz Minnetlerim

Bu kitabı, *İşin Neşesi*, hayatımdaki iki muhteşem erkeğe adamak istiyorum:

Beni iş hakkında her zaman daha fazla şey öğrenmeye ve kendi seçimlerimi yapmaya teşvik eden Babama. Onu dinlemeyi reddettiğim zamanlarda dahi beni sevdi. Benimle her zaman gurur duydu. Seni seviyorum Babacığım. Huzur içinde dinlen.

Access Consciousness'ın kurucusu ve bu kitaba, hayatıma, yaşantıma ve realiteme çok büyük katkılar sağlayan Gary Major Douglas'a. Bana her zaman mümkün olduğunu bildiklerimi gösterdin ve göstermeye devam ediyorsun. Teşekkür ederim. Size sonsuza kadar minnettarım.

Ayrıca hayatım boyunca karşılaştığım herkese teşekkür etmek istiyorum. Kendimi, bana sürekli olarak katkıda bulunan hayranlık uyandıran arkadaşlar ve aile ile çevrelenmiş olduğum için inanılmaz derecede şanslı buluyorum. Teşekkür ederim. Nasıl da bu kadar şanslı oldum?

Dona sen bu gezegendeki en hayranlık verici editörsün. Sana sabrın için çok teşekkür ediyorum. Bundan daha iyi nasıl olur?

Christina ve Ted, Big Country Publishing, size inanılmaz derecede müteşekkirim.

Dain, sona ermeyen nezaketin ve katkın için teşekkür ederim.

Brendon, sen ise sürekli olarak vermeye devam eden bir armağansın.

Okuyuculara Bir Not

Bu kitap orjinal olarak "Queen's İngilizcesi" ile kaleme alınmıştır. Dünyanın her yanına seyahat ediyor ve birçok yere gidiyorum, ancak halen Avustralya'yı ev olarak tanımlıyorum. Ben bir Aussie'yim ve Aussie İngilizcesi ile yazdım, eğer siz bir Amerikan okuyucusuysanız, yazım "hatalarımı" lütfen affedin, eğer dünyanın başka bir yerindeyseniz, keyfinize bakın!

Önsöz

Günün birinde arkadaşım, Access Consciousness'ın kurucusu Gary Douglas ile ortak başka bir arkadaşımızın işi ile ilgili konuşuyordum. " Yaptığı şeyler bana pek anlamlı gelmiyor." dedim.

Gary "Anlamlı gelmiyor demekle ne demek istiyorsun?" diye sordu.

"Niye öyle yapmayı seçti ki? O iş kararını vermekte hiç bir neşe yok ki? O kararın içinde daha büyük bir şey yaratacak hiç bir şey yok." diye cevap verdim, o kişinin mümkün olanları öldürmekte olduğunu görebiliyordum.

Gary " Neşeli değil demekle ne demek istiyorsun?" diye sordu.

Ben de "İşi neşesi için yaparsın!" dedim.

Gary "Hayır onun için yapmazsın" dedi.

Afallamıştım. "Evet, onun için yaparsın. Yoksa başka ne diye yapasın ki."

Gary bunun üzerine "Simone, benim tanıdığım işi neşesi için yapan tek insan sensin! Bu realitede, iş neşesi için yapılmaz." dedi.

İşin neşesi hakkındaki diyaloğumuz işte böyle başladı. O zamandan bu yana işten hazzetmediklerini düşünen çok sayıda insanla ve iş yapmayı neşeli bulan birçok kişiyle karşılaştım. Ben sizin onlardan birisi olmanızı istiyorum.

İşin neşeli olmadığı veya olamayacağı hakkındaki bakış açınızı değiştirmeye davet etmek istiyorum. Benim size davetim bu.

Ya iş eğlenceli olsaydı ve bundan para kazanabilseydiniz?

1. Bölüm

İş yapmaya nasıl başladım?

Her zaman için iş yapmayı sevdim. Sydney, Avustralya'da büyürken, benim arkadaşlarım büyüyüp koleje gitmek, evlenmek ve çocuk sahibi olmaktan bahsederlerdi. O tarz şeyler asla ilgimi çekmedi. Her zaman bir işe sahip olacağımı biliyordum. Bunun ne işi olacağı hakkında herhangi bir fikrim yoktu ama bir işe sahip olacağımı biliyordum. Muhtemelen en çok yaratıcı olabileceğim alan buymuş gibi geliyordu. Bana göre bir işi idare etmek boş bir tuvali olan bir sanatçı olmak gibi. Tıpkı bir fikrin kıvılcımını alıp "Bunun semeresini vermesi için neler gerekir?" diye sormak gibi, işe her zaman bu gözle baktım.

Liseden mezun olur olmaz, bir işe girdim. Üç ay çalıştım ve 3,000$ biriktirip yurtdışına çıktım. Üç yıl boyunca İngiltere, Portekiz, Avusturya ve Yunan Adalarında seyahat ettim ve çalıştım. Bana dünyayı görmeme ve seyahat etmeme izin verdiği sürece her türlü işi yapmaya hazırdım. Yunanistan'ın Santorini adasında, bir restoranın kapısında bekleyip, gelip geçenlere "Bu gece akşam yemeğini Kaptan Angelo'nun yerinde yemek ilginizi çeker miydi? 3 spesiyal tabağımız ve 1 kadeh şarap ikramımız var." diye sormak işini edinmiştim. Bu işi günde 4 saat yapıyor ve geçimimi sağlıyordum. Yaptığım işi yapıyor olmaktan bir başkası şikayet ediyor olabilirdi fakat benim tavrım " Tamam. Ben yaparım" şeklinde özetlenebilirdi. İşimin ne olduğunun hiç bir önemi olmadı, ben onu eğlenceli ve neşeli yapmanın bir yolunu hep buldum. Her zaman iş ve çalışmanın hayatımda yaratabileceği olasılıkları algılayabildim ve inanıyorum ki çalışmaya ve işe karşı yaratıcı ve neşeli bir yaklaşım, olağanüstü veya belki de harikulade bir yaşam sürdürmemize olanak tanıyor.

Avustralya'ya döndüğümde herkes sırtımı sıvazlayıp "Tamam, bunu yapıp hevesini aldın. Seyehat işini aradan çıkardın." dedi. Benim buna tepkim ise "Ne? Henüz yeni başlıyorum daha!" oldu.

İlk işime Sydney sokaklarında haftasonu pazarlarında ürün satarak başladım. Kendi nemlendiricilerimi, spreylerimi yapmaktan, başkalarından aldığım ürünleri satmaya kadar her şeyi yaptım. Cumartesi günleri Glebe Pazarı, Pazar günleri de Bondi Plaj Pazarında olurdum. Hatfasonu pazarlarında ürün satarak hayatımın tadını çıkartacağım bir hayat stilini yaratmak arzusundaydım.

Hedefim, Avustralya'daki Pazar ve festivallerde satabileceğim ürünleri almak için Yeni Delhi'ye, gitmeye yetecek kadar para kazanmaktı.

Kısa bir süre sonra, ihtiyacım olan parayı kazandım ve Hindistan'a uçtum. Yeni Delhi'de, tütsü, tekstil, hint halhalları, mücevherleri ve kıyafetleri satılan Paharganj adlı bir yere gittim. Paharganj hayret verici bir yerdir. Hayatımda gördüğüm en yoğun yerlerden birisidir. Kutsal addedilen inekler, istedikleri her yere gitmekte serbesttirler ve yollarda taksilerin, bisikletlerin, kağnıların, at arabalarının ve yayaların arasında geziniyorlardı. Yolun her iki yanındaki, hemen hemen hepsi aynı tarz şeyleri satan, sokak satıcıları, alıcılar ve gelip geçenlerle pazarlık ediyorlardı. Ara sıra hava sıcaklığı 55 dereceʹye (122 Fahrenheit) kadar çıkıyordu. Yiyecek her yerde pişiyordu ve hint yemeği baharatlarının kokuları sokakları dolduruyordu. Sıcak, kokulu ve tamamen heyecan vericiydi. Bu size kirli, ezici bir şekilde kaotik -ki öyleydi- ya da gezegen üstündeki en egzotik ve ilginç yerlerden biri olarak gelebilirdi. Henüz yeni varmıştım ve sevmiştim.

Tedarikçileri nasıl bulacağım hakkında herhangi bir fikrim yoktu. Onları bulabileceğimi biliyordum; fakat bunun neye benzeyebileceğini bilmiyordum. Orada iş yapma macerası çok ilgimi çekmişti. Benim yaklaşımım "Bakalım ortaya ne çıkacak" şeklindeydi. Etrafta yürüyüp satıcıların ne sattıklarına göz atardım. Gözümü almak istediğim bir parçaya diktiğimin saniyesinde, onun için ne kadar para vereceğimin pazarlığını yapmaya başlarlardı. Bu oldukça yoğun bir şey olabilirdi.

İnsanları kendi ülkelerinde kolaylıkla satamayacakları ürünleri almaya nasıl ikna ettiklerini gördüm, dolayısıyla bu gibi durumlarda kontrolün kimin elinde olduğunun her zaman farkındaydım. Kaygan bir iş zeminiydi ve bu beni aşırı derecede neşeli yapıyordu. Benim olup biteni seçen kişi olmam için sorular sormak zorunda olduğumu sezgisel olarak biliyormuşum gibi görünüyordu. O şeylerin ne olduğunu, içlerinde hangi renkler olduğunu, bir tane alırsam fiyatın ne olduğunu, on tane veya yüz tane alırsam fiyatın ne olacağını sorardım. Gezip dolaşır notlar alır, sonra otelime döner notlarımı gözden geçirirdim.

İlginç olan şey, ben okulda matematikten sınıfta kalmıştım. Matematikten nefret etmiştim, o konuda berbattım, fakat Hindistan'da malları ihraç etmek, ithal etmek ve malların fiyatlaması konularında formüller geliştiriyordum. Ürünleri başarılı bir şekilde ithal edebileceğimi biliyordum. İhracat işlemleri ile uğraşacak birilerini bulmam gerektiğini biliyordum, evrak işlemlerini biliyordum, maliyetleri belirleme ile uğraşmak zorunda olduğumu biliyordum. Böylece, kelimenin tam anlamıyla caddelerde dolaşıp, ihtiyacım olan bilgiyi toplamak için insanlarla konuştum. İşimi yaratmak için gerekli olan herşeyin farkında olmaya gönüllüydüm.

İş yaparken, herşeye sahip olmaya ve herşeyi kaybetmeye gönüllü olmak zorundasınız. Yapmakta olduğunuz işin sonucuna bağlı kalmamalısınız. Eğer o aşamada satın aldığım bazı ürünlerin sonucuna bağlı kalsaydım, satıcılar o ürünlerin fiyatları ve diğer unsurları hakkında kontrolü ele geçirmiş olurlardı. Sonuçlara bağlı kalmadığım için, zamanımı iyi kullandım. Hiç bir şeyi olması için zorlamadım. Şeylerin kendiliğinden ortaya çıkmasına ve nelerin mümkün olduğunu görmeye gönüllüydüm ve bu da fiyatlama, adet ve diğer etkenlerin benim kontrolüm altında olmaları anlamına geliyordu. Harika bir macera, para kazanma ve hayatı yaşama hissi vardı. Böylece Paharganj'dan mallar aldım ve ilk başladığımda aldıklarımı Avustralya'ya bavullarımla taşıyordum. Daha sonra bana mal ihraç edecek olan iki tane Müslüman Şeyh buldum. Hayranlık verici insanlardı. Malları hava yoluyla Avustralya'ya taşıyordum, malları Sydney pazarlarında satıp haftada sadece iki gün çalışarak 3,000$-4,000$ kazanıyordum. Geri kalan zamanımda plaja gidiyor, pazarlar ve deniz ötesi tedarikçilerle ile ilgili yeni fikirler üretiyordum. Yaşamak için bir sürü alan ve zamanım varmış gibi görünüyordu. Mutluydum. 9-5 Kurumsal işleri olan bazıları, "Simone, gerçek bir işe gir." diyorlardı.

Ben de onlara " Bu gerçek bir iş! Harika bir şey bu!" diyordum. Harika zaman geçiriyor ve bolca da para kazanıyordum.

Benim şimdiki farkındalığım, (o zaman) tam olarak arzu ettiğim şeyi yaratma ve oluşturmaya muktedir olduğum, bunu yaparken de para yapma yeteneğine sahip olduğumdu. Bunun nedeni, daha sonra Access Consciousness'da keşfettiğim üzere, paranın neşeyi takip ediyor olmasıydı. Neşe parayı takip etmez.

Bir müddet sonra, insanlar bana Sydney'de kendi dükkanlarında satmak için onlar adına mal satın alıp alamayacağımı sormaya başladılar. Ben de "Eğer toptancılık yapacak olursam daha fazla miktarda mal satın alabilir ve daha iyi fiyat elde edebilirim" diyerek kabul ettim. Hindistan'a gidip daha çok mal almaya başladım, bu benim daha çok güç kazanmam anlamına geliyordu ve tedarikçilerin dikkatini daha da çok çekmeye başladım. Sydney'de yaklaşık 12 dükkana satış yapıyordum ve giyim tasarımı yapmaya başladım. Bütün bunlar oldukça başarılı oldu ve kısa zamanda sıkıldım ve giyim işinden çıkıp yarı değerli taşlarla süslenmiş gümüş mücevher ithal etmeye başladım.

Pembe Şehir olarak bilinen Jaipur'a gittim. Oraya ilk kez gittiğimde, Avustralya'da boncuklu gerdanlıklar modaydı, ben de pembe kuartz, ametist, lal ve zilyon tane başka taşlar aldım. Aklınıza ne gelirse, bende hepsinden vardı. Taşları aldığım adam, bana bir kadın olduğum için başarılı olamayacağımı söyledi. Bu onun bakış açısıydı. Bana Hindistan'da "Evet, Simone! Aynen böyle devam!" diyen kimsem yoktu. Evet halen, bilişimi takip etmeye ve yaptığım her seçim hakkında neşeli olmaya gönüllüydüm. Bunun tamamı benim için büyük bir maceraydı.

Taşları ve mücevherleri Avustralya'daki pazarlarda toptan satmaya başladım. Daha sonra Jaipur'a gidip biraz daha satın alacaktım. Tayland'dan da mal almaya başlamıştım. Bangkok'da

Khao San Road adındaki caddede Paharganj'a benzeyen kocaman bir pazar vardır. Orada aynen benim yaptığım işi yapan birçok Batılı ile karşılaştım. Buluşur, her birimizin şahsi başarısına ve birbirimize katkıda bulunmak için, bilgi ve kontrat değiş tokuşu yapardık. Benim bakış açım, eğer benim satıcılarım daha fazla tasarım almakta başarılı olurlarsa, benim de onlardan elde etmem mümkün olur şeklindeydi. Bunu yapmak kolaydı. Başkalarının para kazanmalarına katkıda bulunmaya her zaman gönüllü olmuşumdur. Böyle yapmak benim için her zaman neşe verici olmuştur ve halen de öyledir. Dünyanın her tarafından insanlarla çalışmaktan ve birbirimize katkı oluşumuzdan zevk aldım. Katkıdan işlemekte çok büyük bir potansiyel var. Eğer rekabetten işlemiş olsaydık, işimizi ya küçültecek ya da imha etmiş olacak ve büyük bir ihtimalle de, ne olduğumuz kadar başarılı ne de bir o kadar neşeli olacaktık. Hatırlayın, para neşeyi izler, neşe parayı izlemez. Bu çok basit bir farkındalıktır ve çok değerlidir.

Bundan kısa bir zaman sonra ise Kathmandu, Nepal'e gitmeye başladım. Kathmandu'ya dünyanın en güzel manzarası olan Himalayalar'ın arasından uçardım (ve evet eğer doğru zamandaysanız, tam da kart postallardaki gibi görünürler!) Şehrin caddelerinde dolaşmak çok hoş bir duygudur. Ufacık ama güzel çayları olan harika cafeleri vardır ve insanlarda onların ülkelerinde olduğunuz için bir minnettarlık duygusu vardır.

Oldukça uzun bir zaman Hindistan'a gidip geldikten sonra, Hindistan'da olduğum zamanlarda, diğer yerlere göre en çok zamanı otel odamda geçirmeye başladığımı fark ettim. Thailand ve Nepal'de çalışmayı tercih ettim ve bu ülkelerden daha başka neler ithal edebileceğimi sormaya başladım. En sonunda bir şapka serisi tasarlamaya başladım. The Shack (Baraka) adlı bir markamız vardı ve işimin büyük bir kısmını Nepal'e kaydırdım. Benim için de daha neşeliydi ve ben de her zaman için neşeyi izlemeye gönüllüydüm. Bir şeyler sizin işinize yaramamaya başladığında her şeyi ve hepsini değiştirmeye gönüllü, olmak zorundasınız.

Pamuk şapkalarımızı çiftlik köylerindeki kadınlar yapıyor, kalite kontrolünü yapan iki erkek de tamamlanmış şapkaları bize Avustralya'ya gönderiyorlardı. Muhteşem insanlardı. Bizim sağladığımız iş imkanları bu kadınların ailelerini geçindirmelerine yardım etti. Şapkalarımızı evde yaparken, çocuklarının yanında oluyor, hatta onları da, Kathmandu'ya turistlerin ayakkabılarını temizlemek gibi işler için göndermek yerine evde şapka yapımında yardımcı olarak çalıştırıyorlardı.

Nepal'de Ziering adında Tibet'li bir kadınla da iş yapıyordum. Harika bir iş kadınıydı ve çılgın gibi çalışırdı. Ziering, insanlara kendilerini özel hissettirmenin iyi sonuçlar verdiğini biliyordu ve bana her zaman büyük bir saygı ile yaklaşırdı. Beni evinde ağırlar ve her ne zaman dükkanına gidecek olsam, bir fincan çayım daima hazır olurdu. Nepal'deki sığınmacı Tibetli kadınlarla iş yapan Ziering'den (çok zarif yünden yapılmış şallar olan) paşminalar ve diğer yünlü ürünler satın alıyordum.

Nepal ve Hindistan gibi ülkelerde karaborsa işlemleri oldukça yaygın olarak görülür ve Ziering de sığınmacı Tibetli kadınlara yardımcı olması, şeffaf iş yapması ve iyi amaçlar için çaba sarfediyor olması nitelikleri ile biliniyordu. Nepal'de yaşamakta olan yoksul insanlar veya sığınmacılar için herhangi bir hükümet yardımı yapılmamaktadır. Tibetli kadınlara ördükleri kazaklar, şapkalar ve eldivenler için parça başına ücret ödüyorduk. Thamel adlı bölgedeki evlerinde onları ziyaret ederdim. Bu evlerin bir kısmı gerçektende çok küçüktü. Ben 1.75 cm boyundayım, arada sırada içinde ayakta dahi duramadığım evler oldu. Bu insanlarla çalışmayı çok sevdim. Tibetliler minnettar ve Nepal'de olmaktan mutluydular. Eğer çok para kazanmak isterlerse, çok çalışarak bunu yapabilirlerdi. Eğer, çocuklarını okula göndermeye ve karınlarını doyurmaya yetecek kadar para kazanmak isterlerse de o kadar çalışırlardı. Hayatlarında daha çoğa sahip olmayı seçenler ve basitçe başlarının üstünde bir çatı olmasını ve çocuklarının karnını doyurmayı seçenler arasındaki farkı görmek kolaydı.

Sığınmacı çocuklar için kitaplar getiriyor ve bazılarının okul giderlerini karşılıyordum. Bütün bunlar benim mümkün olduğunu bildiklerimin enerjisi ile uyum içerisindeydi ve benim için neşe doluydu. Para kazanıyordum, eğleniyordum ve her yeni günün nasıl bir gün olarak ortaya çıkacağını asla bilmiyordum. Hayat büyük bir maceraydı (halen de öyle). Benim tavrım, "Eğer bu sana neşe vermiyorsa, neden yapasın ki?" şeklindeydi. Ben hiç bir şeyi yapmak zorunda olduğum için yapmam.

Hayatlarını yaratmak için bir şeyler yapan insanlarla çalışmayı çok sevdim. Her insanın dünyada bir fark yaratabileceğine inanıyorum. Eğer kendiniz oluyorsanız ve farkındaysanız, dünyada bir fark yaratabilirsiniz, bu her ne olursa olsun.

Şapkalarımızı Avustralya'nın her yanına toptan olarak sattım ve iş oldukça başarılı ve iyi bilinen bir iş haline geldi. Duvarları rengarenk parlak şapkalarla dolu raflarla kaplı 80 metrekarelik bir ofisim vardı. Yine bir noktadan sonra, daha farklı bir şey yaratmak istedim. "Daha başka neler mümkün?" diye sormaya başladım.

Bir süreliğine Londra'ya döndüm ve bir gün, büyük çift katlı otobüslerin yaptığı günlük gezi turu için günlük bir bilet alarak gün boyunca şehir içinde dolaşmaya çıktım. Sağa sola bakarak, şunu bunu seyrederek, gözlemleyerek semtler arasında gezindim. Her nereye gitmiş olursam olayım; zengin ya da fakir olsun, ister Yahudi ister zenci mahallesi veya Pakistanlı mahallesi olsun; bir şey dikkatimi çekti, ortalıkta hiç mutluluk yokmuş gibiydi. İnsanların parasının olup olmamasının; tenlerinin hangi renk olduğunun, hangi dine mensup olduklarının, şehrin hangi bölgesinde yaşıyor olduklarının hiç bir önemi yoktu, herkes üzgün görünüyordu. Kendi kendime, "Aklım almıyor. Bu gezegen bir harika. Neden herkes o kadar üzgün görünüyor? Neden herkes hayatın olasılıkları yerine, hayatın dram ve travmaları hakkında daha heyecanlı? Bunu değiştirebilecek ne yaratabilirim?" diye düşündüm.

Sizin İçin İyi Titreşimler ("Good Vibes For You")

İnsanların hayata bakışlarını değiştirecek ve dünyanın mutluluk katsayısını artıracak bir iş yaratmaya karar verdim. *Size İyi Titreşimler* ("Good Vibes To You") adıyla ortaya çıktım ve bir kaç ay boyunca da onu kullandım, ancak onunla ilgili tam olarak doğru olmayan bir şeyler olduğunu hissediyordum. Sanki içinde zorlama bir şeyler varmış gibi geliyordu, ben de onu *Sizin İçin İyi Titreşimler* ("Good Vibes For You") olarak değiştirdim. Bu daha iyiydi. Bunun enerjisi benim yaratmayı arzu ettiklerimin enerjisine daha da fazla uyumluydu. Daha hafifti. İyi titreşimler mi istiyorsunuz? İşte buradalar. İyi titreşimler istemiyor musunuz? Tamam, istediğinizde onlar sizi burada bekliyor olacaklar.

Avustralya'ya geri döndüm ve daha genç nesil, dans partisi gençlerine yönelik, birçok parlak renkli, üzerlerinde ilham verici sözler bulunan eğlenceli tişörtler tasarlamaya başladım. Benim fikrime göre, eğer siz bu tişörtlerden birini giyerseniz ve insanlar da onu okurlarsa, bu onları daha fazla farkında olmaya, hayatlarında bir şeyi değiştirmelerine ve daha fazla neşe yaratmaya davet edebilirdi. Üzerinde "Good Vibes For You" yazan bir gökkuşağı olan logomuzu tasarlayacak birisini buldum ve bu tişörtleri hafta sonu pazarlarında ve festivallerde satmaya başladım.

Tişörtlerin üzerindeki yazılardan en çok hoşuma gideni "başarısız olamayacağını bilseydin, ne yapacağını hayal et" yazanıydı. Bana göre, başarısız olabilmek veya yanlış olan bir şey yapmak mümkün değildi. Sadece umut ettiğinden çok daha başka bir şey elde ederdiniz. Sadece işler sizin planladığınız gibi yürümemiş olurdu, zaten nasıl olursa olsun hiç bir şey sizin planınıza göre gitmez ki. Ben hayatlarındaki veya işlerindeki hedeflerine bir plan ile ulaşmış hiç bir kimseyi tanımıyorum.

Başarısız olamayacağını bilseydin, ne yapacağını hayal et .

Tişörtlerden bir başkasının üzerinde ise "Hayatın anlarına açık ol." yazıyordu. Bir fuarda bu tişörtü giydiğim gün, adamın biri yanımdan geçerken önce tişörtümdeki yazıya, sonra da doğrudan gözlerimin içine baktı. Onun tüm varlığında ortaya çıkan bir değişimi görebiliyordum. Tam o anda, onun daha başka bir olasılığı görebildiğini biliyordum. Daha başka bir şeyin mümkün olduğunu biliyordu. Sadece o bir an için bile olsa, onun dünyaya bakışını değiştirmiştim. O enerji, benim dünyada yaratmayı arzu ettiğim şeylerin enerjisine uyuyordu. *Bu gezegendeki* her bir kişinin, daha büyük olasılıkların mümkün olduğunu bilmesini arzu ediyordum. Her şey mümkündür.

Hayatın anlarına açık ol.

Tişörtlerimizde yazan yazılardan bazıları şöyleydi. " Dünyada görmek istediğin değişim ol", "Kendi dünyanı yarat", "Rahatlık alanının dışında bir şey yap" ve "Gezegen senden ne istiyor?". Dünyayı kurtarmak için ne yapmamız gerektiği hakkında birçok insan konuşuyordu, fakat çok az kişi gezegene "Sen ne istiyorsun?" diye soruyordu. Bazen, birileri benim standıma kadar gelip, tüm yazıları okurdu. Bir şey satın almazlardı. Sadece, "Buraya kadar gelip, yazıları okuyorum ve bu kendimi farklı hissettiriyor." derlerdi. Bir kez daha arzu ettiğimi yaratıyordum. İnsanların, hayatlarına bakışlarını değiştiriyordum.

Günün birinde orta yaşlı bir kadın on tane tişört satın aldı. Onları giymeyecekti, evinin duvarlarına asacaktı, çünkü yaptığım şeyin muhteşem bir şey olduğunu düşünüyordu. Bu da beni soruya yöneltti. Daha başka neler yaratabilirdim? Sadece genç nesilin değil, herkesin ilgisini çekecek ne olabilirdi? Dünya tarafından daha başka neler görülebilirdi? Aynı yazıları taşıyan magnet ve çıkartmaları yaratmaya başladık ki bu da işimizi daha da geliştirmemize izin verdi. Farkında olduğunuzda ve soruda olduğunuzda işinizi nasıl ve ne zaman genişletebileceğinizi bilebilirsiniz.

Bir gün "başarısız olamayacağını bilseydin, ne yapacağını hayal et" yazan bir magneti satın almış olan bir kadından telefon geldi. Altı çocuğu olduğunu ve kendisini her gün döven bir adamla evli olduğunu söyledi. İlk önceleri bu durumdan herhangi bir çıkışının olmadığını sanıyormuş.

Magneti buzdolabının üzerine koyduğunu ve altı ay boyunca her sabah uyanınca onu okuduğunu söyledi. Ve günün birinde çocuklarını alıp, kendine kötü davranan kocasını terk ettiğini söyledi. Magnetin üzerindeki sözler ona güç verdiği ve onu terk etmenin mümkün olduğunu bilme cesareti verdiği için bana teşekkür etmek istemişti. 5 dolarlık bir magnetti. Eğer ben başarımı onun bana vermiş olduğu 5 dolara endeksleseydim kendimi başarılı kabul eder miydim? Elbetteki hayır. Ancak, ben başarımı o kadının hayatında yarattığım değişim ve bunun onun 6 çocuğunun hayatında ortaya çıkarttığı değişimle ölçecek olursam, ben büyük bir başarıyım.

Bir festivalde çalıştığım bir gün de tipik bir motorsikletçi kıyafetleri içinde olan bir adam, satmakta olduğum çıkartmalara bakıyordu. Arkadan bağlanmış uzun bir saçı vardı, sırtında bir Jack Daniels tişörtü, deri pantolonu, büyük ağır botları ve üzerinde bir motorsiklet klubü logosu olan bir ceketi vardı. Bana bir çıkartma parası uzattı ve ben de hangisini almak istediğini sordum

"Kendin ol dünyayı değiştir yazanı" dedi.

Ben de nereye yapıştıracağını sordum.

"Motorsikletimin arkasına" diye cevapladı.

"Harika. Bundan daha iyi nasıl olur?" diye düşündüm. Tekrar başarılıydım. Kimbilir o çıkartmayı kaç kişi daha görecekti.

Kendin ol - dünyayı değiştir.

Sizin İçin İyi Titreşimler (*"Good Vibes For You"*) Şişe Suyu

Sizin İçin İyi Titreşimler ("Good Vibes For You"), Sydney'deki festivallerde tişört sattığım yıllardan bu yana çok büyük ölçekte büyüdü ve gelişti; ancak, gezegende görmeyi arzu ettiğimiz değişim olma hedefimiz hep sabit kaldı.

Bir gün, bir Access Consciousness seminerine katılıyordum. Elimde bir şişe su vardı ve şişemi, başkalarınınkinden ayırd edebileyim diye, üzerine yanımdaki parlak renkli Good Vibes For You çıkartmalarından birini yapıştırdım. Diğer insanlar da kendi çıkartmalarını şişelerinin üstüne yapıştırmaya başladı. Kısa bir zaman içinde seminer mekanı, üzerinde "Kendin ol dünyayı değiştir." veya " Daha başka neler mümkün?" veya "Sonsuz varlık sonsuz olasılıklar" gibi sloganlar yazan Good Vibes For You çıkartmaları olan şişelerle doldu.

Birisi " Simone, Good Vibes For You şişelenmiş su işine girmeli ve etiketlerinde de sloganlar yer almalı." önerisinde bulundu. Su konusunda zor beğenirim ve benim için özel bir marka sudan hoşlanırım, fakat o zaman insanları veya gezegeni güçlü kılan bir su markası yoktu ve iş ortağım şişelenmiş su işinin bizim için ürün olabilme olasılığını incelemeye başladı.

Sydney yakınlarında harika bir su kaynağı olan birisiyle temasa geçtik ve ortağımla beraber onunla buluşmak için üstü açık arabamla yola çıktık. O bize kaynağı ve civarını gezdirdikten sonra su işi hakkında konuştuk.

Ona "Kaç kişi su işine girmek için kafa yoruyor? diye sordum.

"Muhtemelen haftada 500-1000 kişi arasında. Herkes şişe suyu satacaklarını ve milyonlar kazanacaklarını düşünüp gidip Ferrari'lerinin peşinatını yatırıyorlar." karşılığını verdi.

Hep beraber güldük ve ben "Benim üstü açılan bir tane var zaten..." dedim.

Bu adam bizim su işine getireceğimiz yeni yaklaşımı; renkli

ve güçlü kılan, eğlence ve hafiflik mesajı yayan biyolojik olarak tamamen çözünebilir olan bir şişe kavramını, sevmişti. Bizi daha ilk günden cesaretlendirdi ve bize yardımcı olabilmek için kendi işlerini bir kenara bıraktı. İyi bir Avustralyalı'dır. Hatta bir keresinde potansiyel bir müşterimiz bir başka ülkeden Avustralya'ya uçtuğunda, Sydney havalimanına gidip onu karşıladı, su kaynağını gezdirip, bizim onun en gözde müşterileri olduğumuzu söylemiş. Bizi olduğumuzdan daha büyük gösteriyordu. Bana "Sizin su işinizin başarılı olmasını gerçekten istiyorum. Sizinle iş yapmaktan keyif duyuyorum." Dedi. Benim için işin keyfi işte budur - sizinle ve sizin işinizle iş yapmaktan mutlu olan kişilerle çalışmak. Bundan daha iyi nasıl olur?

Su işi zorlu bir işti. Çok sayıda büyük şirket su satıyor ve kıran kırana bir rekabet söz konusu, fakat biz etiketimizde bunu da şakaya alıyoruz. Bizim yeni etiketimizde " Biz bu kocaman arenadaki daha ufak olan şirketiz" yazıyor. Şişelenmiş su sektörüne eğlence faktörünü getirdik ve insanlar bunun farkına varıyor. Bizim yaklaşımımız insanlara çekici geliyor ve bizimle iş yapmayı istiyorlar. Benim algım ise onların bizim gerçekten ne "olduğumuzu" fark ettikleri yönünde.[1]

Dünyanın farklı noktalarında harika kontaklar kurduk ve şu an gelişmekte olan birçok heyecan verici uluslararası olasılıklarımız var. Hali hazırda suyla ilgili diğer ürün ve teknolojileri (aralarında havayı suya çeviren bir makina da var) araştırıyoruz. Bunlar havadaki nemi emip iyi kaliteli, temiz içilebilir su yaratan makinalar. Bunlardan bir tanesiyle hiç kimsenin iyi susuz kalma olasılığı hiç yok. Bütün musluk

---

1 Buradaki 'olmak' kelimesinin kullanımı hakkıda terimler sözlüğü kısmına bakınız.

sularından ve satınalabileceğiniz şişe sularının hepsinden daha iyi. Her evde bir tane bulunması gerek!

İnsanlar bize, "Bir dakika siz şişe suyu satan şirketsiniz ve şimdi bu makinalardan bahsediyorsunuz. Bu iki fikir birbirleriyle rekabet halinde değiller mi?"

Biz de cevap olarak "Evet ve bu makinalara da sahip olmanızı istiyoruz." diyoruz.

Aynı zamanda müşterilerin de çevre için çok daha faydalı olacak biyolojik olarak tamamen çözünebilir şişeyi kabullenmeleri için çalışıyoruz. Dünyada yaratmayı ve oluşturmayı arzu ettiğim belirli bir enerji var ve tüm bu şeyler de o enerji ile uyum içerisinde. İşte bu nedenle onları yapıyoruz!

Sizin İçin İyi Titreşimler, sadece bir şişelenmiş su şirketi olmak ile ilgili değil. Sadece su ile ilgili değil, o Good Vibes For You ile ilgili. Dünyada daha fazla bilinç, daha fazla neşe ve mutluluk yaratmak ve oluşturmak hedefi ile ilgili. Bunun için ne gerekir?

Sizin için başarı ne anlama gelir?

Sizin işinizin gerçek hedefi nedir?

Sizin hayatınızın ve yaşantınızın gerçek hedefi nedir?

2. Bölüm

Neyi alıp kabul etmeye gönüllüsünüz?

Kasım 2002 Gary Douglas ile karşılaşma

2002 Kasım ayının bir hafta sonunda halen festivallerde çalıştığım zamanlarda, Akıl Beden ve Ruh Festivali'nde İyi Titreşimler ürünlerini satmak için Sydney'e gittim. Ondan bir kaç gün önce, Bali'de sörf yapmakta olan arkadaşım Erin'in, sıtmadan öldüğü haberini almıştım. Erin'in ölüm haberi beni derinden etkilemişti. " Erin öldü, dünya sanki hiç bir şey değişmemiş gibi halen dönmeye devam ediyor." diye düşündüm. Bir anlık huzur için, herşeyin durmasını istemiştim. Kesinlikle festivalde olmak istemiyordum ancak stand için 6,000$ ödemiştim. Başa baş noktasına gelmek için bile bir sürü para kazanmak zorunda olduğumu biliyordum.

Arkadaşımı daha yeni kaybetmişken, hiç bir şey olmamış gibi, standımı kurup devam etmek doğruymuş gibi gelmiyordu. Ama oradaydım, kuruyordum ve geçen her dakika kızgınlığımı daha da artırıyordu. Erin öldüğü için evrene kızgındım. O kadar çabuk olduğu için kızgındım. Hayatımda tanıdığım en tatlı insanlardan birinin başına bu geldiği için kızgındım ve alanımda herhangi bir yalan ve zırvanın olmasını istemiyordum.

Benim standımın tam karşısındaki standı kuran spiritüel grup da yüksek sesleri ve kahkahalarıyla beni çılgına çeviriyorlardı. Bir şekilde kahkahaları bana gerçek değilmiş gibi geliyordu. İçinde hiç neşe barındırmıyordu. Daha çok mutluluğun ne olduğunun taklidiymiş gibi geliyordu. Birbirlerini kalpten-kalbe kucaklıyor ve beni de kalpten kalbe kucaklamak istiyorlardı. Bunların tamamı kocaman bir maskaralık gibi görünüyordu. Aralarında hiç kimse gerçekten mutluymuş ve istediği gibi yaşıyormuş gibi durmuyordu. "Hayır! Defolun gidin. Hayatta bazen herşey o kadar da kolay değil. Bazen boktan bir şeyler oluyor. Bazen hayat çirkinleşebiliyor." diye bağırmak istiyordum. Herbirini şöyle bir silkeleyip "Uyan! Hayatının gerçekten, gerçekten neye benzemesini isterdin? Bu senin için yeterli mi?" diye sormak istiyordum.

Daha sonra bir arkadaşım ile orada bir standı olan, Access Consciousness'ın kurucusu Gary Douglas, köşeden çıkıverdiler. Gary ile daha önce ilişkiler üzerine verdiği bir akşam seminerinde karşılaşmıştım ve dobralığı ile beni şaşırtmıştı. Bana gerçek olduğu hissini uyandırmıştı. Onun ilişkiler hakkındaki konuşmasını dinlemek taze bir nefes gibiydi. "Bana evlenmek ve çocuk sahibi olmak istemiyorsam bunda bir sorun yok! Öyle mi? Harika!" diye düşündürtmüştü. Bana biliyor olduklarımın aslında yanlış olmadığını gösteren ilk kişiydi; sadece başkalarının inanmayı seçtiklerinden ve hayatlarını yaşamayı seçtikleri yoldan daha farklıydı o kadar. Gary ve arkadaşım bana merhaba dediler. Merhaba dedim ve "herşey yolunda ve normal" surat ifadesini takınmaya çalıştım. Önce arkadaşımı çabucak kucaklayıp sonra Gary'i kısaca kucaklayıp geriye çekildim.

Gary doğrudan gözlerimin içine bakarak " Alıp kabul

etmeye daha da açık olsan, çok çok daha iyi olurdun. İşin çok daha iyi olurdu, daha fazla para kazanırdın ve daha da mutlu olurdun." dedi

"Evet. Tamam, teşekkürler." diye karşılık verdim ve içimden "Hayatımda neler olup bittiği hakkında en ufak bir fikrin yok, Bayım! Çılgın adam, neden bahsettiğinden haberi yok" diye geçirdim. Daha sonra işlerle ilgilenmeye başladım ve söyledikleri aklımdan çıktı. Ya da en azından ben öyle sandım. O gece bir arkadaşımın Sydney'deki yerinde kaldım. Uzun bir günden sonra tükenmiştim, fakat uykuya dalamıyordum. Gary'nin alıp kabul etmek hakkındaki yorumu kafamın içinde tekrar tekrar çalmaya devam ediyordu. Bu sözleriyle ne demek istediğini anlamaya çalışıyordum. Her zaman bir şeyleri karşılık beklemeksizin veriyordum. Yapmanız gereken şey de budur öyle değil mi? Gary'nin bana söylediği şey tüm dünyamı alt üst edip, içini dışına çıkartmıştı. Kendi kendime, "Çılgınca bir fikir bu, o bana vermektense alabileceğimi mi söylüyor..?" Bunun neye benzeyebileceği hakkında hiç bir fikrim yoktu. Tüm bunlar beni daha da kızdırdı.

Ertesi sabah o kadar kızgındım ki Festival alanını boydan boya geçip Gary'nin Access Consciousness standına kadar yürüyüp, karşısına dikildim. Ellerimi kalçama koyup ona "Bana dün söylediklerinle ne cehennem demek istedin? dedim. Gary sadece bana bakıp gülümsedi ve neye atfen bu soruyu sorduğumu sordu. Ben de "bana alıp kabul etmeye daha da açık olsaydım, çok çok daha iyi olacağımı söylemiştin. Alıp kabul etmeme izin olduğunu düşünmemiştim. Hayattaki görevimin vermek olduğunu düşünmüştüm, almak değil." demiştim. Gary'nin cevabını hatırlamıyorum. Ancak konuşmamızın ardından beni bir huzur hissinin kapladığını hatırlıyorum.

Benim evrenimde bir şeyler hafifti. Onun söylediklerinde doğru ve gerçek bir şeylerin olduğunu biliyordum. Daha çok "kendim" gibiydim. Hayatımda çok fazla kişi bana kendim olmam için güç vermedi. Gary'nin varlığında, o neye benzerse benzesin kim olmayı seçiyorsam o olmam hakkında bana rahatlık ve huzur hissi veren bir şey vardı.

Ertesi gün festivalde, bir önceki gece içtiklerimin etkisiyle biraz akşamdan kalmaydım. Standların arasında akşamdan kalmalığıma iyi gelecek masaj ya da bir şey arıyordum. Access Consciousness standının önünden geçerken, oradaki hanımlardan bir tanesi Bars'larımı çalıştırmak isteyip istemediğimi sordu. Bars'larımı çalıştırmanın ne anlama geldiği hakkında bir fikrim yoktu, masaj masasına baktım ve evet dedim. Masaj masasının üzerine uzandım ve yaklaşık yarım saat sonra durmaksızın ağlamaya başladım. Üzerimde Good Vibes For You tişörtüm vardı ve etraftaki herkes benim kim olduğumu biliyordu. Masaj masasının üzerindeydim ve haykıra haykıra ağlıyordum. Doğruldum ve "İşe koyulmam lazım!" dedim. 20$ karşılığında numunelik seanslar yapıyorlardı ve ödeme yapmak için o hanıma yaklaştığımda, bana bunun bir hediye olduğunu söyledi. Bu yine alıp kabul etmeyle ilgili bir şeydi ve ben daha da çok ağlamaya başladım.

Tam o sırada Gary köşeden çıkageldi. Bana baktı, gülümseyerek "Sana bir daha sarılmak zorunda mıyım?" diye sordu.

Ben " Hayır! Evet. Hayır. Bilmiyorum" dedim.

Bana sarıldı ve beni dışarda konuşmaya davet etti.

Ben " Hayır! Bilmiyorum. Evet. Hayır." dedim.

O da bana "Seçim senin, eğer arzu edersen seninle dışarıya çıkıp sohbet edebilirim." dedi.

Ona baktım ve okey dedim. Biz dışarıya doğru yürüken,

yüzümden aşağıya gözyaşlarım akıyordu ve bunun, dünyadaki mutluluk katsayısını artırmak hakkında olan Good Vibes For You adına iyi bir görüntü olmadığından endişeliydim.

Gary benimle beraber 40 dakika oturdu ve sorular sordu. Benim, kendim dışında herkesi değerli gördüğüm yere bakmamı sağladı. Kendi işimi ve hayatımı yaratma gücü ve potansiyeli olanın ben olduğum gerçeğine rağmen, başka insanların kendimden bir şekilde daha iyi oldukları bakış açıma bakmamı istedi. Onların hayatına katkıda bulunan bendim, fakat onların etrafımda olmalarından minnetarlık duyan da bendim. Bunu algılamaya asla gönüllü olmamıştım. Bu konuşmamız benim dünyamı alt üst ediyordu.

O gece Gary bir seminer veriyordu, böylece gitmeye karar verdim. Onu dinledikçe de "Vay be, bu adam benim Good Vibes For You ile yaratmayı arzu ettiğim herşeyden bahsediyor, bir farkla onda bunları gerçekleştirebilecek araçlar var." diye aklımdan geçirdim. Dünyada mümkün olduğunu bildiğim değişim hakkında konuşan birisini ilk kez dinliyordum.

O zamanlar, kendim hakkında biraz uçuk kaçık birisi olduğumu düşünüyordum. İnsanların beni bir hippie olarak nitelendirmelerine gönüllüydüm, çünkü benim nasıl birisi olduğumu ancak bu şekilde alıp kabul edebileceklerini düşünüyordum. Ancak işte burada –gayet şık kıyafetler içinde, görünüşünde herhangi acayip bir şey olmayan – Gary, benim mümkün olduğunu bildiğim fakat daha başka hiç kimsenin mümkün olduklarına inanmadığı şeyler hakkında konuşuyordu.

Gary seminer esnasında sık sık küfrediyordu. Erin hakkında halen üzgün ve kızgındım ve benim buna tepkim, " Tanrı'ya şükürler olsun, buralarda birileri gerçek." şeklindeydi.

Bu benim onu daha da çok dinlememi sağladı. Numaradan rol kesmeler için hiç sabrım yoktu. O kadar etkilenmiştim ki, Gary'nin izleyen hafta sonu vereceği iki günlük, Kutunun Dışında eğitimine katılmak için Sydney'de bir hafta daha kalmaya karar verdim. Bu işlerimizin en yoğun olduğu Kasım ayındaydı. Brisbane'deki ekibimi arayıp, "Ben geri gelmiyorum." dedim.

"Ne demek geri gelmiyorum." diye sordular.

Onlara, Access Consciousness'dan bir adamın seminerine katılacağımı ve Sydney'de bir hafta daha kalacağımı söyledim. İşteki herşeyi ben kontrol ettiğimden ve yılın en yoğun olduğu zamanda tamamen kendi başlarına olacakları için ekibimdekiler çılgına döndüler. "Sensiz ne yapacağız?" diye sorduklarında, gayet iyi olacaklarını söyledim. Bu ekibimi güçlü kılmaya başlamamın ilk adımıydı.

Ayrıca "Eğer bu seminere katılmak isterseniz, sizlerin de buraya uçmanızı sağlayabilirim." dedim. (İstemediler.) böylece Gary'nin iki günlük seminerine katıldım. Eğer kaçmak istersem kolayca sıvışabilmek için, sınıfın gerilerinde kapıya yakın bir yere oturdum. Olmak istemediğim bir yere veya şeye yapışıp kalmayacaktım! İkinci günün sonunda hayatım tamamen değişti. Gary benim gerçek olduğuna inandığım herşey hakkında konuştu. Mümkün olduğuna inandığım şeyler hakkında doğru olduğum ve seçimlerimin hiçbirinin yanlış olmadığını gördüm. Bu seminerden elde ettiğim en büyük hediye buydu.

Access Consciousness'ın dünyaya sağlayabileceği değerin idrakine vardım ve en başından beri benim hedefim de, dünya üzerindeki her bir insanın Access Consciousness'ı seçebilmesi için, var olduğunu bilmelerinden emin olmaktı. Seminerden sonra Gary, Access Consciousness seminerlerini fasilite etmeye yeni yeni başlamakta olan arkadaşıma, "Access işini kurmak konusunda Simone'dan biraz yardım almalısın." dedi.

Arkadaşım, harika bir fasilitatordu, ancak bir işe başlaması, onun bir iş insanı olmaması nedeniyle kolay değildi. Onun bir email adresinin dahi olmamasına şaşırmıştım; böylece bir email hesabı açıp, insanların adreslerini onun irtibat listesine girmeye başladım. Ona düzenlediği etkinlikleri insanlara emailler ve telefonla arayarak bildirmesini önerdim. Bu benim, insanların iş yapmayı benim kadar kolay ve neşeli bulmadıklarının veya var olan olasılıkları algılamamalarının, farkındalığına vardığım ilk andı.

Ertesi yıl Gary, bir seminer vermek için tekrar Avustralya'ya geldiğinde, tüm semineri ben düzenledim. Ev sahipliğini üstlendim, salonu ayarladım, kalış yerlerini organize ettim, tanıtım postalarını gönderdim, herkesi telefonla aradım ve tüm semineri sıfırdan inşa ettim. Avustralya'da o zamana dek yapılan en büyük seminer oldu.

Gary "Teşekkür ederim. O kadar müteşekkirim ki" dedi ve sonra ekledi;

"Sanırım sana biraz para borçluyum."

Ben de " Ne için?" dedim.

"Gönderdiğin postaların harcamaları için" dedi ve ben tekrar göz yaşlarına boğularak ağlamaya başladım. Gene bu alıp kabul etmeyle ilgili şeydi.

Gary sadece güldü.

Ağladığım için bana gülemezsin dedim ve o da bana "Evet gülebilirim. Çünkü komik!" dedi, bana semineri de hediye etti ve ben de bir saat boyunca ağladım. Alıp kabul etmeyle ilgili herşey bir kez daha benim tüm dünyamı alt üst ediyordu.

Kısa bir zaman sonra, Gary ve onun iş ortağı Dr. Dain Heer

için Avustralya, Yeni Zelanda ve Asya ülkelerinde seminerler düzenlemeye başladım. Bir gün Access Consciousness'ın farklı unsurları ve benim Avustralya'da oluşturup yarattıklarımı Gary ile konuşurken, Gary

" Bana Amerika'da senin gibi biri gerekli." dedi.

Ona bakıp "Pekala, yapabilirim." dedim.

O da "Access Consciousness'ın Dünya Koordinatörü olmak kulağa nasıl geliyor?" diye sordu

Ağzım açık kaldı ve " Ne demek istiyorsun?" diye sordum.

Gülümsedi ve "Access Consciousness'ın Dünya Koordinatörü olmak ister misin?" diye tekrarladı.

"Bu ne demek, ne anlama geliyor? diye sordum.

Gary benden yapmamı istediği yaklaşık beş şey saydı.

"Bunu yapmayı çok isterim." dedim.

Gary, iş referansları ve belgeleri olan birisini aramıyordu; dünyanın her yanında oluşturup yaratabileceğimi bildiği enerjiyle ilgiliydi. O zamanlar benim kendimde göremediğim fakat onun görebildiği kapasiteleri görebiliyordu.

Herbirimizin olduğu büyüklük de dahil olmak üzere, her şeyi alıp kabul etmek konusu muazzam bir yaralanabilirlik, kırılganlık hissini içeriyor. Kendi alıp kabul etme kabiliyetimi açmaya başladığımda; başkalarının alıp kabul etmeleri için gerekli araçları sağlamaya gönüllü olduğumu farkettim, fakat herşeyi yapan olmak konusunda ısrarcı olduğumu da anladım. Başkalarının bana vermelerine izin vermiyordum.

Access Consciousness benim için bunu tamamen değiştirdi ve bu da bir gecede olup bitmedi. Access halen benim alıp kabul etme konusundaki paradigmalarımı değiştirmeye devam ediyor; şimdi daha çok alıp kabul edebiliyorum. Daima daha fazlasının ortaya çıkmasını istiyorum, ayrıca başkalarının da alıp kabul etme konusundaki paradigmalarını değiştirebilmeleri için onları fasilite edebiliyorum. Alıp kabul etmeye açık olduğunuz zaman dünya çok daha farklı görünüyor.

Alıp, Kabul Etmeye Gönüllü Olmak

Gary ile karşılaşmamızın hikayesi, sizin alıp kabul edebilme yeteneğinizin işinizin başarısı için asıl gerekli şey olduğunu söylemenin uzun yolu. Alıp kabul edebilmek, hayattaki tüm güzel şeyleri alıp kabul edebilme yeteneğinizi içeriyor ve ondan çok daha ötelere de uzanıyor. Her şeyi alıp kabul edebilme yeteneğinizi içeriyor. İyiyi, kötüyü, güzeli ve çirkini. Parayı alıp kabul etmeye gönüllü olmak zorundasınız ve parasızlığı da alıp kabul etmeye gönüllü olmak zorundasınız. Hayranlığı, takdiri ve hediyeleri alıp kabul etmeye gönüllü olmak zorundasınız. Bilgileri ve başkalarının bakış açılarını alıp kabul etmeye gönüllü olmak zorundasınız. Övgü ve onayı alıp kabul etmeye gönüllü olmak zorundasınız ve eleştiri ve yargılanmayı da alıp kabul etmeye gönüllü olmak zorundasınız. İşinizin başarılı olmasını alıp kabul etmeye gönüllü olmak zorundasınız veya işinizin başarısız olmasını da alıp kabul etmeye gönüllü olmak zorundasınız. Bütün bunların tamamını, kesinlikle tümünü alıp kabul etmeye ve sonuca bağlı kalmamaya gönüllü olmak zorundasınız.

Gerçekten alıp kabul etmek, sizin algılama, bilme ve hatta olma yeteneğinizi son derece derinden etkileyen bir şeydir. Varsayalım ki bir şey hakkında haklı olduğunuza karar verdiniz ve başka bilgileri veya perspektifleri alıp kabul etmeye gönüllü değilsiniz. Mümkün olan ancak sizin kısıtlı bakış açınız dışında kalan şeyleri algılamanız mümkün olmayacaktır. Eğer algılayamazsanız, bilişinizi kesersiniz. Ve eğer bilişinizi kesersiniz, kim ve ne olduğunuzu belirleyen farkındalığınızı ve varlığınızı kesersiniz. Siz kendiniz olamazsınız. İş de başarılı olabilmeniz için alıp kabul edebilmeli, algılayabilmeli, bilebilmeli ve olabilmelisiniz. Alıp kabul etmeye gönüllü olabilmek bunu yapabilmenin anahtarıdır.

Minnettarlığı ve Başarıyı Alıp Kabul Etmeye Gönüllü müsünüz?

Benim arkadaşlarımdan birinin Queensland'de bir butiği var. İnsanlarla, kıyafetleriyle ve onların bedenleriyle muhteşem şeyler yapabilen bir kadındır. Müşterilerinin güzel görünmek ve hissetmek için tam olarak neye ihtiyaçları olduğunu bilir ve onlar için seçtiği kıyafetlerle kendilerini tamamiyle harika hissetmelerini sağlar. Benim arkadaşım uzun boylu güzel bir kadındır. Gayet güzel bir vücudu vardır ve harika kıyafetler giyer. Ona verilmiş olan armağanlar, bana ve daha birçok kişiye göre açık seçik ortada olmakla beraber, o bu özelliklerini tanıyacak insanları etrafında istemiyordu. Çok utangaç ve gerçekten kim olduğunu saklamak ister gibi bir hali vardı.

Bir gün ona "Neden benim seminerime katılanlara senin dükkanından ve orada yaptıklarından bahsetmiyoruz?" diye sordum. Kollarını kavuşturdu, başını önüne eğerek, "Ooo hayır. Seminer katılımcılarının karşısına çıkıp böyle bir şey yapamam" dedi. Bunu alıp kabul edemiyordu. Yaptıklarını o kadar kolayca yapıyordu ki, onların değerini göremiyor ve diğerlerinin bunu tanımasını ve minnetarlığını alıp kabul edemiyordu.

Access Consciousness araçlarını kullanmaya başladığından bu yana, onun alıp kabul etme gönüllülüğü, çarpıcı biçimde arttı. Artık iki dükkanı var ve kendi markasını yarattı. Aynı zamanda dünyanın dört bir yanındaki insanlar için kişisel stilistlik hizmeti veriyor. Artık o, alıp kabul etmeye gönüllü olduğu için, birçok başarıya adım attı! Hepiniz benim arkadaşım gibi misiniz? İnsanların size verdiği teşekkürleri, takdir ifadelerini tamamen alıp kabul ediyor musunuz? İnsanların siz ve işiniz için duydukları şükranı alıp kabul etmeye gönüllü müsünüz? Yoksa ondan kaçıyor musunuz? Şöhreti alıp kabul etmeye gönüllü müsünüz? Gerçekten başarıyı alıp kabul etmeye gönüllü müsünüz?

Parayı Alıp Kabul Etmeye Gönüllü müsünüz?

Çok uzun yıllar boyunca, babam bana para vermeye çalıştı ve ben daima onun tekliflerini reddederdim. Ona teşekkür eder, onun parasına ihtiyacım olmadığını, onsuz yapabileceğimi söylerdim. Benim alıp kabul etmeye gönüllülüğüm arttıktan sonra, en sonunda onun teklif ettiği bir para hediyesini alıp, kabul ettim ve almış olmam nedeniyle ne kadar mutlu ve müteşekkir olduğunu gördüm. Edindiğim farkındalığımı "Vay be! Demek ki tüm bu yıllar boyunca bunun meydana gelmesine izin vermemişim!" diye ifade etmiştim. Alıp kabul etmediğinizde, hediye vermenin keyfini durdurursunuz, katkıda bulunmanın neşesini durdurursunuz ve işinizi kolaylıkla yürütmeyi durdurursunuz. Eğer işinizde başarılı olacaksınız, herhangi bir yargıya varmaksızın herkesten para alıp kabul etmeye gönüllü olmak zorundasınız. Hayranlık duyduğunuz kişilerden ve hiç hazzetmediğiniz kişilerden de para alıp kabul etmeye gönüllü olmak zorundasınız. Ya her yerden ve her yönden bir araba ya da yeni bir bilgisayar şeklinde nakit ve döviz akışı alıp kabul edebilseydiniz nasıl olurdu? Size bir şey söyliyeyim mi? Evet alıp kabul edebilirsiniz. Bunun için tüm yapmanız gereken istemek ve alıp kabul etmek.

Çok uzun olmayan bir zaman önce, bir arkadaşım, Los Angeles'da bir apartman arıyordu ve üç farklı bölgenin etrafında dolaşıp, evlere bakıp nerede yaşamak isteyebileceğini hissetmeye çalışıyorduk. Bu neyi alıp kabul etmeye gönüllü olduğumuzu görmemize yardımcı olacak bir deneyim haline geldi. Ben orta-üst tabaka bir ailede büyüdüm, böylece benim büyüdüğüm yerlere benzeyen alanlardan geçerken benim tepkim "Evet, burada yaşayabilirdim!" şeklindeydi. Bana tanıdık gelen ve alıp kabul etmeye gönüllü olduğum bir şeydi.

Daha sonra Bel Air adındaki çok zengin bir muhite girdik ve ben fısıltıyla "buralarda olmamıza izin var mı?" diye sordum. Benim tanımadığım bir enerji vardı ve bu bende rahatsızlık hissi uyandırmıştı. Bu benim alıp kabul etmeye gönüllü olmadığım milyonlarca, milyarlarca doların enerjisiydi.

En sonunda da çok daha az müreffeh bir muhite girdik ve ben tekrar kendimi çok rahatsız hissettiğimin farkına vardım. "Asla burada yaşamazdım." diye düşünüyordum. Sadece onlarla bir aradayken rahat olduğumu öğrendiğim şeylerin enerjisini almaya gönüllüydüm. Milyonlarca doların enerjisini alamamanın sizin işinizi nasıl etkileyebileceğini görüyor musunuz? Ya da alışık olduğunuzdan daha az paranın varlığının sizin müşterilerinizi nasıl itebileceğini? Son derece zengin müşterileri alıp kabul etmeye gönüllü müsünüz? Fakirce giyinmiş müşterileri de alıp kabul etmeye gönüllü müsünüz? Tonlarca parayı alıp kabul etmeye gönüllü müsünüz? Ya da parasızlığı?

Neyi Alıp Kabul Etmeye Gönüllüsünüz?

Muazzam miktarlarda parayı alıp kabul etmeye gönüllü müsünüz? Takdir edilmek ve hayran bırakan biri olmaya gönüllü müsünüz? Ardınızdan sadece bir kaç kişi değil binlerce kişi tarafından şehvet duyulmasına gönüllü müsünüz? İnsanların sizin fikirlerinizi, tasarımlarınızı, sanat eserlerinizi çalmalarına gönüllü müsünüz? Alıp kabul etmeye gönüllü olmadığınız her enerji sizin, işinizin ve finansal realitenizin kısıtlamasını yaratacak olandır. Eğer işiniz sizin arzu ettiğiniz kadar başarılı değilse, herşeyi ama herşeyi alıp kabul etmekteki gönüllülüğünüzü gözden geçirin.

Sorun:

+ *Neyi alıp kabul etmeye gönüllü değilim?*
+ *Daha önce hayal etmiş olduklarımın da ötesinde bir başarıyı yaratacak olan hangi enerjiyi alıp kabul etmeye gönüllü değilim?*

Değişmeye tüm bunları alıp kabul etmeye gönüllü olur muydunuz? (Bütün dünyanızı değiştirebilirdi!)

Sizin alıp kabul edebilme yeteneğiniz işinizin başarısı için asıl gerekli şeydir.

3. Bölüm

Yargısız iş yapmak

Gerçekten alıp kabul etmenin önündeki en büyük engellerden birisi yargıdır. Bir şeyin neye benzemesi gerektiği hakkındaki yargılarınızdan ve sonuçlarınızdan çıkabilirseniz ve karşınızdakini olduğu gibi algılayıp, alıp kabul ederseniz, evreninizde çok çok daha fazla seçiminiz olacaktır. Bu algıdan işlemektir. Algılamak hafiftir, tıpkı rüzgar gibi. Katı değildir. Ve her zaman değişir.

Öte yandan, yargılar, duygular, kararlar ve sonuçlar katıdırlar. Onlar sizin neyin iyi, neyin kötü olduğunu düşünüyor olmanızla ilgilidir. Her ne zaman, herhangi bir şey hakkında yargıya varırsanız, bu ister olumlu bir yargı olsun isterse olumsuz, o yargının ötesinde olan her şeyi alıp kabul etme kapasitenizi kesersiniz. Ulaştığınız her bir yargı, sizi ona uymayan herşeyi alıp kabul etmekten alı koyar. Örneğin, eğer işinizin bir başarısızlık olduğu yargınız varsa, işiniz hakkında doğru olanları görebilir misiniz? Henüz karşınıza çıkmış büyük bir olasılığı avantajınıza kullanmanız mümkün olabilir mi? Hayır. Ya eğer işinizi mükemmel olarak yargıladığınızda, işe yaramayan ve değişmesi gereken unsurları görebilir misiniz? Hayır. Her koşulda, at gözlüğü takmış gibi olursunuz ve hakkında karar vermiş olduklarınızın dışındaki hiç bir bilginin geçişine izin vermezsiniz. At gözlüğünün ne olduğunu biliyor musunuz? Bu yarış atlarının, yarış esnasında sadece bitiş noktasına odaklanmalarını sağlamak için takılan bir şeydir. At gözlüğü, onların etrafında olup bitenlerin farkında olmamalarını sağlar. Öyleyse, at gözlüğünü çıkarmaya ve tüm olasılıkların farkına varmaya gönüllü müsünüz? Bunu yargılarınızdan kurtulup, herşeyi alıp kabul etmeye gönüllü hale geldiğiniz zaman yapabilirsiniz.

İşiniz ile ilgili Hangi Yargılarınız var?

İş dünyasında insanlar bana sık sık "Sizin İçin İyi Titreşimler'in hedef kitlesinin demografik profili nedir? diye sorarlar. Onlara " Hayatını değiştirmek isteyen herkes içindir!" derim. Ya sizin işiniz için de bir demografik profil yoksa? Ya sizin iş modelinizin bir parçası olarak o yargı veya projeksiyonunuz olmasaydı? Ya siz karşınıza her kim çıkıyorsa, bu sizin başarınıza çok büyük ölçüde katkıda bulunacak birisi ya da sizin asla başarılı olamayacağınızı söyleyen birisi de olsa, ondan alıp kabul etmeye açık olsaydınız nasıl olurdu?

Sizin sunduğunuz hizmet ve ürünler ile özellikle ilgilenen bir müşteri grubu veya hedef kitle olabilir; ancak eğer sizin tüm müşterilerinizin onlar olduğu sonucundan işlerseniz, daha başkalarının veya başka şeylerin ortaya çıkmasına izin vermezsiniz. Bir işe sadece 15-25 yaş grubundaki kadınlara satış yapabileceğini yansıtırsanız, işinizin davet edeceği kitle sadece ondan ibaret olacaktır. Ancak, "Bu işin hayatını değiştirmeyi arzu eden herkes için bir davet olması neyi gerektirirdi?" diye sorarsanız, herkesin gelebileceği bir alan açarsınız.

Kendinizi hiç bir işi ve onun başarılı olabilme yeteneğini yargılarken buluyor musunuz? "Bu iş para kazanmaz" bir yansıtma ve yargıdır. Onun yerine niçin şu soruları sormayalım:

+ **Burada ne değişmek zorunda?**
+ **Neyi değiştirebiliriz?**
+ **Değiştirebilir miyiz?**
+ **Bunu nasıl değiştirebiliriz?**

Yargıların enerjiyi nasıl da kapattıklarını ve soruların da açtıklarını görüyor musunuz? Bir soru sorduğunuzda daha fazla farkındalığı ve bununla da daha fazla olasılığı ortaya çıkmaya davet edersiniz. İş içinde neyin mümkün, neyin imkansız olduğu hakkında hiç bir yargınız var mı? Yıllar önce, çok haşin koşullar altında büyümüş birisinin yanında çalışmıştım. Deneyimlerinin sonucu olarak karar ve yargılarından işlemek eğilimindeydi. "Para kazanmak için çok çalışmak zorundasın." gibi sonuçlara varır ve her ne zaman büyük bir fırsat ortaya çıkacak olsa " Ohoo bu asla gerçekleşmeyecek." derdi. O yargılarını söz konusu olan şey her neyse onun yolunun önüne koyar ve bu da ortaya çıkması olası olanların akışını durdururdu. Yerleştirmiş olduğunuz her bir yargı ve sonucun enerjisini değiştirmeye, siz ve sizin işiniz için sonsuz olasılıkların meydana çıkmasına izin vermeye gönüllü olur muydunuz?

Müşteri veya Alıcılarınızı Yargılar mısınız?

İnsanlar sizin iş yerinize adım attıkları zaman onları anında yargılar mısınız? Onların nasıl göründükleri hakkında bir değerlendirme yapar mısınız? Ne kadar paraları olduğuna, ne kadar paraları olmadığına veya ne kadar para harcayacaklarına karar verir misiniz? Hangi tür müşteriler ile ilgilenmekten hoşlanıp, hangileri ile ilgilenmekten hoşlanmayacağınıza karar verir misiniz? Bir çoğumuz bu şekilde davranmak eğilimindeyizdir ve bu da bizi olağanüstü bir şekilde kısıtlar.

Beden çalışmaları işi iyi gitmeyen bir kadın ile çalışmamı hatırlıyorum. Niye daha fazla müşterim yok diye merak içindeydi. Bir süre konuştuktan sonra, " Sadece bilinçli ve farkındalığı olan insanlar ile ilgilenmeyi istiyorum." dedi. Böyle bir yargıya vardığınız zaman sadece küçücük bir işiniz olur! O yargısının, potansiyel müşterilerini kendisine gelmekten alı koyduğunun idrakinde değildi. Kim olduğunu alıp kabul etmediğiniz birisinden, nasıl para alabilirsiniz ki?

İlginç Bakış Açısı

Bir kaç ay önce, bir kaç kişi bana Access Consciousness hakkında bir blog başlatmam ve dünyanın farklı yerlerinde neler yapıyor olduğum hakkında konuşma yapmam konusunda cesaretlendirdi. Denemeye karar verdim. Benim yazdıklarımın herkesin beğenisini kazanmayacağını ve onlarla ilgili sert tepkiler veya yargılar alacağımın farkındaydım. Beklenildiği gibi de aldım. Bir başka blog yazarı benim yazdıklarımın bazılarını eleştiren yorumlar yazmaya başladı.

Ne zaman birisi size doğru bir yargı yöneltirse, genellikle ya yargıya karşı direnç gösterip, tepki vererek "Nasıl böyle bir şey söyleyebilirler?" demek ya da onunla aynı doğrultuya gelerek ve fikir birliği içinde olarak, "Biliyor musunuz? Galiba ben de biraz onların dediği gibi hatalıyım (veya haklıyım)" demek gibi bir eğilim var. Çok az sayıda insan, "Oh, bu ilginç bir bakış açısı" diyerek izin vermeyi seçer. İzin veriyor olduğunuzda, yargının yakanızı bırakmasına izin verirsiniz.

Bereket versin ki, diğer blog yazarının yargılarını reddetme girdabının içine düşmedim. Onlara ne direnç gösterdim, ne tepki verdim, ne de aynı doğrultuya geldim veya fikir birliği içinde oldum. Onun yorumlarını okudum ve "Pekala bu ilginç bir bakış açısı." diye düşündüm. Daha sonra da serbest bıraktım gitti. Onun yargılarının benimle bir alakasının olmadığını biliyordum. Onlar tamamen kendisiyle ilgiliydi. Eğer yargıyı da alıp kabul etmeye gönüllü iseniz, aslında onu da alıp kendi avantajınıza kullanabilirsiniz. O insanın nereden işlemekte olduğunu ve neyi alıp kabul etmeye gönüllü olmadığını bileceksiniz. Hatta aslına bakarsanız, bu bilgiyi, koşulları kendi lehinize çevirmekte de kullanabilirsiniz.

Başkalarının bizim hakkımızdaki yargılarına karşı direnç gösterip, tepki verdiğimizde, ya da onlarla aynı doğrultuya geldiğimizde ve fikir birliği içinde olduğumuzda tepkilerimiz, alıp kabul etmemiz için bir çeldirici haline gelir. Yargıyı alıp kabul etmeye gönüllü olduğumuzda ve onun hakkında herhangi bir bakış açımız olmadığında ise, yargıdan daha fazlasını yaratabiliriz. Gerçekten arzu ettiğimiz işi oluşturup yaratabiliriz.

Eğer iş alanında başarılı olacaksanız, herhangi bir şeyin, bu her neye benzeyecek olursa olsun, ortaya çıkmasına hazırlıklı olmanız gerekir. Sadece anonim bir blog yazarının veya uzaktan tanıdığınız bir ahbabınızın değil, aynı zamanda iş ortaklarınızın ve mesai arkadaşlarınızın da yargılarını alıp kabul etmeye gönüllü olmak zorundasınız. Birisinin sizi yargıladığı zaman, soruları kullanın, daha fazla farkındalığın ortaya çıkmasını isteyin ve o yargılar her ne ise onlara izin verme içinde olmayı talep edin. Yargılar gerçek değildir. Eğer onları gerçekmiş gibi satın alacak olursanız, işinizi ve mevcut olan olasılıkların akışını durdurursunuz. Yargılar hakkında, onların gerçek olmadığını anlamak bu konudaki en önemli şeylerden biridir. Yargılar, yargılamayı yapan kişinin neyi alıp kabul etmeye gönüllü olmadığına dayanırlar.

Tüm yargıları alıp kabul etmeye gönüllü olmak zorundasınız ki bu da yargıya izin vermek zorunda olmanız ve ona ilginç bir bakış açısı gözüyle bakmak zorunda olduğunuz anlamına gelir. Eğer bunu yapmayıp; yargıya karşı direnç gösterip, tepki verdiğinizde, ya da aynı doğrultuya geldiğinizde ve fikir birliği içinde olduğunuzda; yargının şimdi ve gelecekteki tüm olasılıkların akışını durdurmasına izin verirsiniz. Yargıyı alıp kabul etmek çok çok daha kolaydır! Üstelik, her bir yargı aslında sizin işinizin yaratımına bir katkıdır. Örneğin, eğer birisi sizin zengin olduğunuz yargısına varıyorsa, daha da çok para yaratırsınız. Eğer birisi sizin başarılı olduğunuz yargısına varıyorsa, daha da çok başarıyı davet edersiniz.

Uzun Gelincik Sendromu

Avustralya'da bizim uzun gelincik sendromu diye isimlendirdiğimiz, başarılı insanları çekememezlik ile ilgili bir şey vardır. Etrafınızdaki kalabalığı aşarak, ileri gitmemeniz gerekir. Eğer çok zor bir şekilde elde etmemişseniz zengin ve başarılı olmamanız gerekir. Ve eğer kolaylıkla çok başarılı hale gelirseniz, insanlar sizi insafsızca yargılayarak ve hırpalayarak sizi kendi seviyelerine indirgemeye çalışırlar. Bazı insanlar kafası uçurulan uzun gelincik olmamak için büyük herhangi bir şeyi deneme girişiminde dahi bulunmazlar.

"Niçin yargıları alıp kabul etmek zorundayız ki? Yargılanmaktan nefret ediyorum!" diye sorabilirsiniz. Alıp kabul edebileceğiniz yargı miktarına bir sınır koyabileceğinizi düşünebilirsiniz, ancak kazın ayağı öyle değildir. Gerçek olan, yargıları alıp kabul etmediğiniz zaman, alıp kabul etmenizi sınırlandırırsınız, bu da hayatınızda olmasını istediğiniz şeylerin tamamını ki buna para da dahildir, alıp kabul edemeyeceğiniz anlamına gelir.

Temizlik Prosesi

Bu noktada sizi Access Consciousness'da kullandığımız temizleme prosesi ile tanıştırmak isterim. Böylece başkaları, kendiniz ve işiniz hakkında olabilecek yargılarınızı temizlemeye başlayabilirsiniz. İşte şöyle çalışır.

Basit bir cümle ile başlayacağız:

Kendiniz ve işiniz hakkında hangi yargıyı sonsuz olasılıklardan daha gerçek yaptınız?

Bu soruya bir cevap aramanız gerekmiyor. Bu soru aracılığıyla bir cevabı değil bir farkındalığı arıyorsunuz. Farkındalık size kelimeler şeklinde gelmeyebilir. Size bir enerji ya da his şeklinde de gelebilir. Bu sorunun cevabını bilişsel olarak bilmeniz mümkün dahi olmayabilir. Onun size ne yolla geldiğinin hiç bir önemi yok. Sizin sadece soruyu sormanız yeterli. Daha sonra da bu sorunun ortaya çıkardığı enerjiyi tamamen alıp kabul etmeye olan gönüllülüğünüzü (eğer gerçekten onu alıp kabul etmeye gönüllüyseniz) ve aynı zamanda onu yıkıp yaratımını iptal etmeye olan gönüllülüğünüzü de ifade edin :

Bununla ilgili var olan herşeyi, godzilyon kere yıkıp yaratımını iptal ediyorum.

Bir sonraki adım ise temizleme cümlesini kullanmaktır. Temizleme cümlesi, hayatınızda ve işinizde daha başka olasılıklara sahip olabilmeniz için, kısıtlı bakış açılarınızı siler. Almış olduğunuz karar, yargı ve kısıtlamanın hemen öncesindeki düşüncelerin, duygu ve hislerin yıkım noktasına (POD) veya yaratım noktasına (POC) gider. İskambil kağıtlarından yapılmış bir evin en altındaki kartı çekip almaya benzer. Bütün yapı çöker. Yıkım noktasının (POD) veya yaratım noktasının

(POC), geçen hafta içinde ya da yüz milyon yıl önce olması hiç farketmez. Temizleme cümlesi, bu bakış açılarının ilk yaratıldıkları noktaya gider ve almış olduğunuz kararları temizler. Bu süreç soruyu ve temizleme cümlesini kulladığınız zaman enerjetik olarak meydana gelir.

Temizleme cümlesini anlamanın bir başka yolu da, onun enerjinin dili olduğudur. Onu aklınızla anlayıp anlamamanız fark etmez; kullanmanız yeterlidir. Eğer herşeyi mantıklı akıl yoluyla halledebilseydiniz, daha önce arzu ettiklerinizin tamamını zaten elde etmiş olurdunuz. Sizi arzu ettiklerinizin tamamını elde etmekten alı koyan şey mantıksal bir şey değildir. O yıkmak istediğimiz delice bakış açılarıdır. Temizleme cümlesi, farkındalığınız ve bilişinizden işlemeye başlayabilmeniz için bütün bakış açılarınızı yakıp yıkmak için tasarlanmıştır.

Farkındalık ve biliş, sizin gerçekten olduğunuz şeylerdir. Siz sonsuz bir varlıksınız ve sonsuz bir varlık olarak herşeyi algılayabilir, herşeyi bilebilir, herşey olabilir ve herşeyi alıp kabul edebilirsiniz. Eğer seçecek olursanız, hayatınızın tüm alanlarında, buna işiniz de dahildir, toplam farkındalıktan, toplam bilinçten işleyebilirsiniz.

Olasılıklar, seçim, değişim, talep ve katkıdan işleyebilirsiniz. Bugün, sizin, işiniz, hayatınız ve gezegen için olası olan şeylerin kapısını açabilirsiniz. Eğer gerçekten olduğunuz sonsuz bir varlık olarak işlemeye gönüllüyseniz, dünyayı değiştirmeye ve işinizi genişletmeye davet edebilirsiniz. Ve yaşamınızda ve yaşantınızda daha çok keyif, mutluluk ve minnettarlık yaratabilirsiniz. İşte bu nedenle yargılarınızı temizlemek bu kadar güçlüdür!

Temizlik Cümlesi

Sorunun ortaya çıkardığı enerjiyi alıp kabul etmeye olan gönüllülüğünüzü ifade ettikten sonra, temizlik cümlesini söylersiniz:

Right and wrong, good and bad, POD and POC, all nine, shorts, boys and beyonds. [2]

Bu cümleyi aynen burada verdiğim şekilde kullanabileceğiniz gibi "Bununla ilgili var olan herşeyi POD ve POC'luyorum" diyebilir veya "Kitapta okuduğum herşey" de diyebilirsiniz. Bu enerjiyi bir araya toplar ve söz konusu bakış açıları her neyse onları iptal etmeye ve yaratımını tersine çevirmeye başlar. Sadece bir kere deneyin!

Bu kitabın ilerleyen kısımlarında birçok soru ile karşılaşacaksınız ve onlardan bazılarını okurken enerjetik karşılıklar edinebilirsiniz. Açığa çıkacak enerjiyi temizlemek için temizlik cümlesini kullanın. Hatırlayın: burada söz konusu olan enerji, kelimeler değil. Enerji kelimelerden önce gelir. Bunu önemli hale getirmeyin. Sadece enerjiyi ve bakış açılarınızı ve yaratmış olduğunuz kısıtlamaları veya yargıları temizliyorsunuz. Eğer bu işinize yararsa, harika! Olabilecek en kötü şey ne? Ha o mu! Sizin tüm işinizi ve hayatınızı değiştirebilir. Size daha çok para kazandırabilir. Ve sizi daha da keyifli birisi yapabilir!

Evet, şimdi prosesi yapmaya hazır mısınız? Kolaydır.

Kendim ve işim hakkında hangi yargıyı sonsuz olasılıklardan daha gerçek yaptım? Bununla ilgili olan herşeyi ve onu alıp kabul etmeye gönüllü olmadığım heryeri godzilyon kere yıkıp yaratımını iptal ediyorum. Right and wrong, good and bad, POD and POC, all nine, shorts, boys and beyonds.

2 Eğer temizleme cümlesi içindeki kelimelerin ne anlama geldikleri hakkında daha fazla bilgi edinmek isterseniz, daha ayrıntılı açıklamalar için ekteki terimler sözlüğü kısmına bakınız. .

Başkalarını Yargılamak

Hayatınızdaki ve işinizdeki yargılarınızın daha da fazlasını temizlemek istermiydiniz? İşte, size kendinizi başkalarını yargılarken bulduğunuz zamanlarda kullanabileceğiniz harika bir soru. Harikadır, çünkü bütün zamanlar boyunca herşeyi yaptık ve herşeyi olduk ve herhangi birşeyi yargılayabilmek için daha önce onu olmuş veya yapmış olmanız gerekir. Örneğin, eğer beraber çalışmakta olduğunuz birisi bir şey söylediğinde veya yaptığında onları yargılıyorsanız.

Daha önce nerede o oldum ya da onu yaptım? Bununla ilgili olan herşeyi ve onu alıp kabul etmeye gönüllü olmadığım heryeri godzilyon kere yıkıp yaratımını iptal ediyorum. Right and wrong, good and bad, POD and POC, all nine, shorts, boys and beyonds.

Yargılarınız sizi mümkün olan herşeyi
alıp kabul etmekten alıkoyar.

4. Bölüm

Her bir soru bir olasılık yaratır

Avustralyadan arkadaşlarım, Chutisa ve Steve Bowman, aralarında Bilinçli Liderlik ve Refah Bilinci adlı kitapların da yer aldığı birçok efsanevi kitap yazdılar. Chutisa ve Steve dünyanın dört bir yanına seyehat edip CEO'lar ve şirketlerin yönetim kurullarıyla birlikte çalışırlar. Onların bakış açısına göre eğer bilinci en üst seviyede yaratabilirseniz, şirketin tüm seviyelerine akacaktır. Onların gözlemlediklerine göre, yüksek başarı sahibi olan CEO'lar soru sormayı alışkanlık haline getirmişlerdir. Bu CEO'lar asla doğru olduklarını ya da tüm cevaplara sahip olduklarını düşünmemektedirler. Bunun yerine, onlar sürekli olarak soru sormaktadırlar. Bir soru yeni olasılıklar, yeni bilgiler ve yeni bakış açıları için bir davettir. Bir soru daha başka bir şeyin ortaya çıkmasına izin verirken, bir cevap sizi tamamen durdurur. Bir cevap adeta "İşte bu kadar. Tamam. Teşekkür ederim. Daha fazla istemez" der.

Sorular işin en tepesinden geldiği zaman, işteki herkes için bir olasılık akışı ve hissi yaratılır, çünkü işteki herkes şirkete bambaşka bir şey getirir. Ya şirketinizdeki veya işinizdeki her bir kişinin kendine ait farkındalığına dayanarak farklı bir perspektif sunmakta olduğunu kabul etseydiniz? Ya işinizdeki herkesin katkısını ve onların farkındalığını alıp kabul etmeye, tanımaya ve bunun için müteşekkir olmaya gönüllü olsaydınız nasıl olurdu? Yine aynı şekilde hayatınızdaki her bir kişiyi ve de onların sizin hayatınıza oldukları katkıyı alıp kabul etmeye, tanımaya ve müteşekkir olmaya gönüllü olmak zorundasınız. Bu sizin için bazı şeyleri değiştirebilir.

Cevaplara Sahip Olmak

Son bir kaç yıl içerisinde, iş dünyasından birçok insanla işleri ve projeleri hakkında konuştum. Bunların birçoğu, iş dünyasında bir şeyin ortaya çıkabilmesi için onu serbest bırakmak yerine, en son, en ufak ayrıntıyı bile düşünmek gerektiği bakış açısına sahiptiler.

Bu almış olduğumuz eğitim doğrultusunda gelişmiş bir şey. Çok genç yaşlardan bu yana bize tüm cevaplara sahip olmamız gerektiği öğretilmiştir. Okula gitmeye başlar başlamaz, geçer not alabilmek için "doğru" cevapları bulmayı öğreniriz. Ancak iş dünyasında başarılı olmak için esas olan şey, cevaplara sahip olmak, "doğru" sonuçlara ulaşmak, ne olacağını tahmin etmek veya bazı şeyleri meydana çıkartmak değildir. Esas olan soru olmaktır. Soru sorduğunuz zaman, işinizi ve hayatınızı canlandırabilir, bilişinize güvenebilir ve mümkün olan daha başka şeyler için farkındalığınızı geliştirebilirsiniz.

Düşünmeyin-Soru sorun

Cevaplara, sonuçlara ve kararlara gitmek yerine, soru sorma alıştırmaları yapın. Bir soru sorduğunuz zaman, derhal enerjetik bir karşılık alırsınız. Örneğin, "Gerçek, bu benim için para oluşturacak mı?" gibi bir soru sorduğunuzda; enerji ortaya çıkacak ve onun evet mi yoksa hayır mı olduğunu bileceksiniz. Enerji sözcüklerden önce gelir ve bilişiniz anlıktır. Genellikle insanlar bildiklerini alıp kabul etmeye gönüllü değillerdir ve "Gerçek, bana enerji neyi gösteriyor?" diye soru sormak yerine düşünme yoluna giderler ve bilişlerinden kuşku duyarlar. İşlerin karışmaya başladığı an işte bu andır. Farkındalığınızı, bildiklerinizi izlemeye gönüllü olun ve seçimlerinizi ona bağlı olarak yaratın. Seçimin farkındalık yarattığını hatırlayın.

Örneğin, eğer bir kişiyi işe almayı düşünüyorsanız, "Gerçek, bu insan bana para kazandıracak mı?" diye sorabilirsiniz ve buna derhal enerjetik bir karşılık algılarsınız. Bu enerji ya daha ağır ya da daha hafif olacaktır. Eğer ağır geliyorsa, bu genellikle bunun bir yalan olduğunu işaret eder. Eğer hafif geliyorsa, bu da genellikle bunun bir gerçek olduğunu işaret eder. İşinizle ilgili soru sorduğunuz ve seçim yaptığınız zamanlarda bu aracı kullanın. Eğer enerjiyi takip ederseniz, ne yapmanız gerektiğini bilirsiniz. Eğer sorular sormayacaksanız ve farkında olmaya açık değilseniz, akla yönelerek düşünmeye başlayabilirsiniz. Hatta henüz ortaya hiçbir şey çıkmamışken bile bir sonuç yaratmayı deneyebilirsiniz. Bu bir şeyin, size olasılıkları göstermesine bir şans tanımadan, onun nasıl işe yarayabileceğini keşfetmeye çalışmaya benzer. Bana güvenin, enerjiyi izlemek ve soru sormak aklınıza yönelip düşünmeye başlamaktan çok daha kolaydır.

Sonsuz bir varlık olarak, siz herşeyi bilirsiniz. Bilmediğiniz hiç bir şey yoktur. Benim, işin kafasını karıştıran diye isimlendirdiğim yerden işlemenin dışına çıkın; onun yerine soruları kullanın, enerjiyi takip edin ve farkındalığınızdan ve bilişinizden hareket edin. Çok daha fazla eğleneceksiniz ve hatta iş yapmaktan keyif alır hale bile gelebilirsiniz.

Eğer hafif geliyorsa gerçektir. Eğer ağır geliyorsa yalandır.

Ağır hafif aracını, ABD'de iş yapmaya başladığım zaman kullandım. İlk başladığım zaman orada nasıl iş yapılır bilmiyordum, dolayısıyla ihtiyacım olan bilgileri almak için avukatlar ve muhasebecilerle konuşmaya başladım. Avukatlar ve muhasebecilerin; " Vay canına istediğim bilgileri alamadığım gibi, bana biribirleriyle çelişen bilgiler veriyorlar." diyene kadar herşeyi bildiklerini sanıyordum. En nihayetinde size hafif gelenin gerçek, ağır gelenin de yalan olduğunu "anlamıştım." " Okey, tüm bu avukat ve muhasebecilerle konuştum ve bu seçenek daha akla yatkın ve bana daha hafif geliyor. Eğer şirketi onun dediği gibi kurarsam, bu nasıl bir şey yaratırdı? Bu benim istediğim değişimi yaratır mıydı?" diyordum. Seçenekleri bu şekilde yapmak, doğrusal olarak düşünmek ve cevaplar aramaktan çok farklıdır. Aslında daha kolay ve daha eğlencelidir. İşin neşesi de işte budur. Herşeyi sizin bilmek zorunda olmanız gerekmez; sadece soru sormaya gönüllü olmak zorundasınız.

Aklınız Sadece Daha Önce Yapılmış Olanları Bilir

Aklınız sadece daha önce yapılmış olanları bilir ve böylece de sizin mümkün olanları algılamanızı sınırlandırır. Eğer daha önce hayal ettiklerinizin de ötesinde olan şeylerin ortaya çıkmasını isterseniz, hangi olasılıkların karşınıza çıkacağını kim bilebilir? Bazen bir soru sorduğunuzda, bazı şeyler fiziksel evrende aniden ortaya çıkabilirler. Siz "İşimin daha da genişlemesi için ne gerekir?" diye sorarsınız ve bom! Birisi ya da bir şey ortaya çıkar. Belki de işinize iki milyon dolar yatırım yapmak isteyen birisi ortaya çıkar. Belki de sizin şarkıcılık kariyerinizi daha da ilerletmenizde size yardım etmek isteyecek bir yapımcı ile karşılaşacaksınız. Belki de sizin işinize hiç de benzemeyen bir şeyle karşılaşacaksınız.(Hatırlayın:

onu alıp kabul etmeye gönüllü olmak zorundasınız.)

Bir soru herşeyi değiştirebilir.

Soruları hayatınızın tüm alanlarında; işinizde, ilişkilerinizde ve paranızla ilgili olarak kullanın. Soruları sonsuz olasılıkların olduğu ve ne var ne yoksa herşeyi alıp kabul ettiğiniz bir yerden sormak zorundasınız; cevabın ne olması gerektiği hakkında bir karara varamazsınız. Sizin farkında olmanız ve sonsuz seçim ve sonsuz olasılıklara açık olmanız için neler gerekir?

Sonuca Bağlanmış Olmak

Sonuca bağlandığınızda, istediğiniz bir cevap ya da bir sonuç vardır. Ona odaklanırsınız ve bunun dışındaki herşeye olan farkındalığınızı kapatırsınız. Aynen at gözlüğü takmış bir yarış atına benzersiniz. Evrenin sunduğu armağanları ve bilgileri algılayamaz ve alıp kabul edemez hale gelirsiniz. Odaklanmış olduğunuz sonuca denk gelmeyen hiç bir şeyi göremezsiniz. Harika bir olasılık kendisini size sunuyor, bu nedenle de sizin algınızın dışında kalıyor olabilir. Aynısı birkaç tane çok başarılı iş kurmuş bir arkadaşımın başına geldi. Soruları kullandı, sihir ortaya çıktı ve mümkün olduğunu düşündüğünden fazlasını yaratmaya ve oluşturmaya muktedir oldu. Ancak yakın zamanda çok başarılı olmasını arzuladığı bir başka iş daha kurdu, fakat arzu ettiği başarıyı elde edemedi. Neden di acaba? Sonuca o kadar bağlanmıştı ki, artık nelerin mümkün olduğunu görememekteydi.

Sorular Olasılıkların Kapılarını Açar

Yakın zamanda, İyi Titreşimlerde, bizim şişelenmiş sularımız hakkında ilginç bir yargıda bulunduk. PET plastik şişelerden, tamamen biyolojik çözünürlüğü olan şişelere geçmeyi arzuluyorduk ve toptancılarımızın bu fikrimizi can-ı gönülden destekleyeceğini düşünmüştük. Yeni şişeler konvansiyonel tiplere göre daha pahalılar, ama biz insanları gezegen için bir şeyler yapıyor olmak adına biraz daha fazla para ödemeye gönüllü olacaklarına karar verdik. (Bir soru sormadığımızın farkındasınız. Doğrudan doğruya bir cevaba ve yargıya gittik.) Bu değişikliğin haberini verdiğimizde insanların sevinçten havalara uçacağını umuyorduk. Tören bandosu yürümeye, havai fişekler patlamaya başlayacaktı. Hurraaaa.

Ancak, toptancılarımızın tepkisi hiç de bu şekilde olmadı; onların fiyatı daha fazla umursadıklarını keşfettik. En nihayetinde, sonuca gittiğimizin idrakine vardık ve toptancıların bakış açısını alıp kabul etmeye, (aynı anda) daha çok soru sormaya ve mümkün olduğunu bildiklerimizden vazgeçmemeye gönüllü hale geldik. (Asla başarısız olduğunuz sonucuna varmayın.) Kamuoyunun bizim ürünümüzü nasıl alıp kabul edeceği hakkındaki yargımızın dışına çıktık ve sorular sormaya başladık: "Burada neyi değiştirmemiz gerek? Buraya neyi eklememiz gerek? Kiminle konuşmamız gerek? Ne gibi bilgilere ihtiyaçları olacak? Bu sorular bizim için bazı yeni olasılıkların kapılarını açtı. O zamandan bu yana, tamamen biyolojik çözünürlüğü olan şişelerdeki sular için müteşekkir olan kişiler ile irtibat kurduk.

Sonunda Bir Soru İşareti Olan Bir İfade

Bazen insanlar bir işte meydana gelmesi gereken şeyler hakkında kararlar alırlar ve daha sonra da kararlarını bir soruya dönüştürmeye çalışırlar. Bu sonunda bir soru işareti olan bir ifadedir. Bu sizi hiç bir yere götürmez. Her zaman olduğunuz yerde sayarsınız. Bunun nedeni bir sonuca veya karara vardığınızda enerjiyi durduruyor olmanızdır ve evrendeki herşey aslında enerjiden ibarettir. Ancak, sonsuz bir soru sorduğunuzda, o sizi güçlü kılar ve olası olanları davet eder.

Yakın zamanlarda perakende işinin yavaşlığından bıkmış bir kadınla konuştum. Ona " O zaman bu konuda nasıl bir soru sorabilirsin?" diye sordum.

Bana " İnsanların buraya gelip para harcamaları için neler gerekirdi?" cevabını verdi.

Bu sonunda bir soru işareti olan bir ifadeden başka bir şey değildir. O cevabın insanların onun dükkanına gelerek para harcamaları olduğuna zaten karar vermiş ve bu kararı bir soruya dönüştürmeye çalışmıştı.

Ona şu öneride bulundum "Çok daha fazla genişletici bir soru olarak ' İşime bugün ve gelecekte para oluşturacak kimi veya neyi katabilirim?" Bu olasılıklara açılmaktır, sadece bugünün olasılıklarına değil geleceğin de olasılıklarına açılmaktır. Nelerin ortaya çıkabileceğini kim bilebilirki? Belki birisi size, işinizi değerinin iki katına almayı teklif edebilir, belki birisi sizin işinizi franchise haline getirip küreselleştirmeyi teklif edebilir!"

Sonsuz sayıda olasılıklar vardır.

Herşey mümkündür.

Bundan Sonra Ne Yapmalıyım?

Eğer günün birinde işiniz hakkında "Acaba bundan sonra ne yapmalıyım?" diye bir soru aklınıza düşerse soru sorun! Sorular zorunluluktur. Eğer kendinizin ve işinizin bir yerlerde takılı kaldığını düşünüyorsanız şu soruları sorun:

- Hangi bilgiler eksik?
- Kiminle konuşmak zorundayım?
- Nerede olmak zorundayız?
- İş değişmeye istekli mi?
- Şimdi ve gelecek için daha fazlasını yaratmak için bugün neyi kurabiliriz?
- Bugün benim ve işim için hangi sihir ortaya çıkabilir?
- Bundan daha iyi nasıl olur?
- İş ile ve iş olarak ne yapmaya, olmaya, neye sahip olmaya, yaratmaya ve oluşturmaya istekli değiliz ki; eğer istekli olsaydık bu daha önce mümkün olduğunu hayal ettiklerimizden daha fazlasını davet ederdi? (Bu sorunun ardından temizlik cümlesini kullanınız.)

Eğer dinlemeye gönüllüyseniz ihtiyacınız olan bilgiye ulaşırsınız.

Bu soruları sormak için en iyi zamanlardan bir tanesi oyalandığınızı fark ettiğiniz zamanlardır. Ya bütün ihtiyacınız olan daha fazla bilgi ise? Eğer kendinizin ve işinizin bir yerlerde takılı kaldığı hissine kapılıyorsanız, sizin bütün ihtiyacınız olan daha fazla ya da farklı bilgidir. Daha fazla soru sorun.

Evren sizin dostunuz olmak arzusundadır. O size yardımcı olmak isteğindedir. O sizin soru sormanıza bayılır. "Evet! Sen bana sorular soruyorsun ve alıp kabul etmeye gönüllüsün." diye karşılık verir. Eski bir filmde karakterlerden birisi evrenin bir ziyafet sofrası olduğu ve açlıktan ölmek üzere olan insanlar olduğu yorumunu yapıyordu. Ziyafet sofrası tam önünüzde. Tüm yapmanız gereken soru sormak ve daha fazlasını alıp kabul etmeye gönüllü olmak.

Yarattıklarınızı ve Oluşturduklarınızı Kabullenmek için Soruları Kullanın

Her ne zaman işinizde bir şey iyi giderse veya bir şeyin başarılı olduğunu hissederseniz, onu tanıyın. Bunu nasıl yaparsınız? Bu yapmanın iki yolu var.

Birinci yöntem müteşekkir olmaktır! Ortaya çıkan herşey için müteşekkir olun, işinizin ve sizin kazanmış olduğunuz her bir dolar için müteşekkir olun ve başarılı olan herşey için müteşekkir olun.

İkinci yöntem ise soru sormaktır. " Vay be! Bu işe yaradı." gibi şeyler söyleyerek işi bitirmeyin. Onun yerine aşağıdaki soruları sorun:

+ **Bundan daha iyi nasıl olur?**
+ **Daha başka neler mümkün?**

Bu gibi sorular daha fazla başarıyı davet eder. "Bu harikaydı!" gibi ifadeler donuk duran şeylerdir. Yeni olasılıkları davet etmezler. "Vay be! Hayatımda yaptığım en iyi seksti!" demek ile "Vay be! Bundan daha iyi nasıl olur!" demek arasındaki enerjetik fark nedir? Hangisi daha fazla olasılık davet eder (ve daha fazla harika seks)? Hangisi enerjinin daha da ilerlemesini durdurmaya eğilimlidir? Bir başka deyişle, iyi bir şeyden daha da fazlasını nasıl elde edebilirsiniz? Sorular sorun!

Sadece istediklerinizin arzu ettiğiniz şekilde ortaya çıkmadığı durumlarda soru sormayın. Her ne olursa olsun soru sorun. Neden mi? Çünkü böylece evrene size daha da büyük bir şekilde katkıda bulunmasını rica edersiniz de ondan!

Bir arkadaşım, iş yapmak amacıyla Paris'e gitmişti ve

şehirdeki son akşamında 5 yıldızlı güzel bir otelde kalmaya karar vermiş. (Buradaki anahtar kelime 'karar vermiş'e dikkatinizi çekmek isterim. O ne olacağı hakkında bir hükme varmıştı ki bu da akışı durdurur.) Otele gitmiş ve bir oda istemiş ve resepsiyondan maalesef tamamen doluyuz cevabını almış.

Otelden hayal kırıklığına uğramış olarak ayrılabilecekken, bu noktada soru sormayı seçtiği için, işler ileriye doğru yol almış. Orada dururken, "Bundan daha iyi nasıl olur?" diye sormuş.

"Özür dilerim anlayamadım?" karşılığını vermiş.

Benim arkadaşım da aynı soruyu tekrar sormuş. "Bundan daha iyi nasıl olur?"

Resepsiyonist bu kez " Bir saniye lütfen. Müdürümle konuşacağım." diyerek uzaklaşmış.

Müdür odasından çıkmış ve arkadaşımın ne arzu ettiğini sormuş. Arkadaşımda o gecenin Paris'deki son gecesi olduğunu ve bir oda istediğini anlatmış. Müdür "Özür dilerim, ama tamamen doluyuz." diye cevaplamış. Arkadaşım da aynı soruyu tekrar sormuş. "Bundan daha iyi nasıl olur?" Müdür bir arkadaşıma bir bilgisayara bakmış ve " Pekala... Elimizdeki tek müsait oda çatı katı suiti." diyerek duraksamış ve "Size bu odayı sadece bir geceliğine standard oda fiyatından verebiliriz." diyerek tamamlamış.

Arkadaşım yüzünde kocaman bir gülümsemeyle "Bundan daha iyi nasıl olur?" diyerek anahtarı almış. Hem odayı almış hem de odasına bir şişe şampanya ikram olarak gönderilmiş. (Gerçekten de "Bundan daha iyi nasıl olur?") .

Bu soruyu herhangi bir durum için de kullanabilirsiniz. Yeni Zellanda'da çamaşır makinası satan bir işyerinin satış müdürü, bu soru aracını öğrenmiş ve tüm ekibine öğretmiş. Hepsine herhangi bir satış yaptıkları ve yapamadıkları her zaman da "Bundan daha iyi nasıl olur?" diye sormalarını önermiş. Satış ekibi bunu uygulamış ve altı ay içinde iş hacmini iki katına çıkartmış. Herkes elde ettikleri başarı ve satışlara çok sevinmiş ki bu da daha da çok iş keyfi doğurmuş. Eğer kişilerin sorudan işlediği ve herşeyi alıp kabul etmeye gönüllü oldukları bir çevre yaratırsanız, her şey daha hızlı hareket etmeye başlar ve kişiler de bunun keyfini sürerler. İşin neşesi işte budur.

Bir ürün ya da hizmet satıyor olmanız hiç farketmez, yaptığınız (ya da yapamadığınız) her bir satıştan sonra bir soru sorun ve nelerin olup bittiğini seyredin. Soru sormak çok çok daha fazlasının ortaya çıkmasına izin verir. Aynı zamanda şu soruları sormayı da deneyebilirsiniz:

+ **Bu gün işimle hangi sihiri yaratabilirim?**
+ **Bu gün ve gelecekte mümkün olduğunu düşündüğümden daha fazla parayı yaratmak için neler gerekir?**

Eğer bunun meydana gelmesine gönüllüyseniz, görünürde rastgele gibi gelen yerlerden beklenmedik şeyler ortaya çıkabilir.

Sizin işiniz, ürününüz, projeniz veya her ne ise onun için yaratıyor olduğunuz hedeflere denk gelen her bir olasılığı kabul etmek zorundasınız. Bunu sizin adınıza sizden başkası yapamaz. Bir yere oturup, ne kadar harika birisi olduğunuzu ve nasıl da parlak bir başarı elde ettiğinizi, birisinin çıkıp gelip de size söylemesini beklemeyin. Neyi yarattığınızı, oluşturduğunuzu tanıyın. Örneğin, insanlarla Access Consciousness proseleri fasilitasyonu yapıyorsanız; birisinin değişerek daha başka bir olasılığı görmeleri öylesine güzel bir armağandır ki. Bunun fasilitasyonunu sizin yapıyor olduğunuzu kabul edin. Başarıyı yakaladığınız her an "Bundan daha iyi nasıl olur ?" veya "Daha başka neler mümkün?" diye sorun. Eğer bunu kendiniz için yapabilirseniz, etrafınızdaki herşey sizin için ve çevrenizdeki herkes için genişleyecektir. Bu kadar basit ve kolaydır.

Evren bereketlidir. Size armağan sunmak istemektedir.

Bir soru sorduğunuzda evrenin bereketine girersiniz.

5. Bölüm

Realite ve uyumlanmak

İmkansız şeylere inanır mısınız?

Lewis Carroll'un Aynanın İçinden kitabında, Alis Beyaz Kraliçe'ye "Birisi imkansız şeylere inanamaz." diye seslenir.

Beyaz Kraliçe ise Alis'e "Neden? Bazen kahvaltıdan önce en az altı tane kadar imkansız şeye inandığım olur." karşılığını verir.

Ben Kraliçe'nin verdiği karşılığı severim. Hayatınızda ve işinizde olabileceğiniz neşeyi, olasılıkları ve eğlenceyi ifade eder. Fakat birçoğumuz başkaları gibi düşünmeye şartlandırılmışızdır. Bize başkalarının fikirlerinden ve neyin mümkün olduğu hakkındaki kısıtlı bakış açılarından oluşmuş bir realitede yaşamak zorunda olduğumuz öğretilmiştir. "Gerçek" olmak zorunda olduğumuz söylenmiştir. "İmkansız" olan şeylere inanmamamız öğretilmiştir.

Uyumlanmak

Eğer herbiri farklı aralıklarda tıkırdayan bir grup saati bir arada aynı odaya koyarsanız; en sonunda hepsinin eş zamanlı hale geleceğini ve aynı anda tıkırdamaya başlayacağını görürsünüz. Buna uyumlanmak denir. Bizim de yaptığımız aynen budur. Kendimizi kültürümüzdeki, mesleğimizdeki, ya da her ne ise oradaki diğer kişilerin realitesine uyumlu hale getiririz. Diğer kişilerin inandıklarına inanmak ve bir şeyleri onların yaptığı gibi yapmak eğilimini gösteririz. Birçok kişi için, iş dünyasında bir bağlantı ve realite kaynağı olarak, uyumlanmaktan işlemek konforludur. Bu nedenle o şekilde davranırlar.

Sabahları uyandığınız andan itibaren, ne yiyeceğiniz, ne olacağınız, ne giyeceğiniz, hangi saatlerde iş yapacağınız, ne kadar para kazanıp veya ne kadar kazanamayacağınız konusunda uyumlanmışsınızdır. Mali durumunuzu, tamamen onlar gibi olmak için, başkalarının yaptıkları ile denk getirmeye yönelik olarak mı yaratıyorsunuz? Eğer öyleyse, bizim bağlamsal realite dediğimiz yerden işlemektesiniz.

Bağlamsal Realite

Bağlamsal realite bizim uyumlandığımız realitedir. Zaman, boyutlar, realite ve madde üzerine kuruludur. Bunlar ise bağlamsal realitede gerçek yaptığımız şeylerdir. Fakat aslında zaman gerçekten var mıdır? Yoksa bir yaratım mıdır? O bizim yarattığımız bir şeydir. Bu boyutlar, realite ve maddeler için de geçerlidir. Bütün bunlar bize öğretilmiş olan nasıl algılamamız gerektiğini gösteren yönteme dayalı olan yaratımlardır. Neyin ortaya çıkabileceği hakkında sihire dayalı değillerdir. Neyin gerçekten mümkün olduğuna dayalı değillerdir.

Bağlamsal realiteden işlediğinizde, nereye uyduğunuzu, nereden faydalandığınızı, nereden kazandığınızı ve nereden kaybettiğinizi görmek için bakarsınız. Bağlamsal realite size iş içinde nereye uygun düştüğünüzü veya neresinin sizin uzmanlık alanınız olduğunu söyler ve bundan başka bir yere de gidemezsiniz. Size işinizin ne kadar faydalı olduğunu nasıl hesaplamanız gerektiğini ve başarınızı banka hesabınızın bakiyesine göre nasıl ayarlamanız gerektiğini söyler.

Bağlamsal Olmayan Realite

Ya yol atlasaydınız, evren değiştirseydiniz ve size öğretilmiş olan realiteden tamamen farklı bir realiteden işleseydiniz? Bunu yapabilirsiniz. Bağlamsal olmayan realiteden işleyebilirsiniz. Zaman, boyutlar, realite ve maddeler açısından neyin mümkün olduğuna bakmak yerine, ya enerji, alan ve bilinci algılasaydınız? Üzerinde oturmakta olduğunuz sandalye dahil olmak üzere herşeyin bir bilincinin olduğunu bilmek nasıl bir şey olurdu? Herşeyin bir bilinci vardır. Herşeyin bir enerjisi vardır. Ve daha sonrada alan vardır. Ah... alan. Alan aslında olasılıklar ve sorular ile doludur.

Bağlamsal olmayan realiteden işlemek, sizin zamanın, boyutların, maddenin ve realitenin ötesinde bir oluşturucu kapasiteye sahip olmanıza izin verir. Bağlamsal olmayan realite hayal gücünün ötesindedir. Mantıksal aklın, referans noktalarının, daha önce bir başkasının yapmış olduklarının ötesindedir. Sizin veya benim mümkün olduğunu gördüğümüz her şeyden daha da ötededir. Bağlamsal olmayan realiteden işlediğinizde sorular sorarsınız ve enerjiyi takip edersiniz. Bilişinizden işlersiniz.

Duygular Sıklıkla Bağlamsal Realiteye Dayalıdırlar

Farkındalıktan işlemek yerine bazıları, doğru iş cevabını hissetmelerine izin veren yoğun hislerine güvenirler; belli bir yatırımı yapmak ya da bir gayrimenkul almak gibi. Heyecanın veya benzeri bir güçlü duygunun onlara bu şeyin yapılacak doğru şey olduğunu söylemelerine bel bağlarlar. Temelde bir karara varabilmek için bir yargı yaratırlar. Bu duygular ise sıklıkla bağlamsal realiteye dayalıdırlar. Bir başka deyişle, kökeninde kazanmak, kaybetmek, uyum sağlamak veya faydalanmak fikri yatar. Burada önermekte olduğum şey daha farklı bir şekilde işlemenin mümkün olduğu fikri. Enerji, alan ve bilinç algılarından işlemek mümkündür. Duygularınız ya da aklınız yerine bilişinizden işlemek mümkündür.

Sizi o rahatlık ve öğrenilmişlik alanına gitmemeye davet ediyorum. Onun yerine, neyin mümkün olduğu hakkındaki bilişinizden işlediğiniz bir yere gitmeye davet ediyorum. Ya kendinize tamamen güvenmeye ve kendi farkındalığınız ile kendi bilişinizden işlemeye gönüllü olsaydınız nasıl olurdu? Eğer basitçe siz kendinize güveniyor olsaydınız işinizin neye benzeyebileceğini hayal edin. Orada daha fazla mı yoksa daha az mı para olurdu? Orada daha fazla mı yoksa daha az mı neşe olurdu? Daha çok eğlence mi, daha az eğlence mi?

Bu arada farkındalık konforlu değildir.

Bu kadar çok insanın bundan kaçınıyor olmasının nedeni de bu olabilir.

Ya işinizi yaratabileceğinizi bildiğiniz şekilde, yaratacak olsaydınız? İş modelinizin kaynağı olarak öğrenilmişlikten işlemiyor olsaydınız, işiniz sizi yansıtan bir yaratım olurdu. İster bir butiğiniz, ister bir şişe suyu, isterse gayrimenkul işi olsun, hiç bir rakibiniz olamazdı. Eğer kendinize güveniniz olsaydı, sizin yaratacağınız iş başkalarınınkinden tamamen farklı bir iş olurdu. Kendi işinizi nasıl yürütmeniz gerektiğini görmek için, dönüp başka bir işe bakmazdınız.

Ya zaman, boyutlar, realite ve madde; sözde bu

realitenin yapıtaşları yerine sizin yönlendirebileceğiniz ve kullanabileceğiniz unsurlar ise? Onları bağlamsal realiteden işleyen insanlar ile çalışırken kullanın, fakat onlar tarafından sınırlandırılmayın. Evrenleri değiştirin. Tamamen farklı bir realiteden işleyin. Neden bahsettiğimi bildiğinizi biliyorum.

Altı Tane İmkansız Şey

Bu bölümün başlangıcında, Beyaz Kraliçe'nin "Neden? Bazen kahvaltıdan önce en az altı tane kadar imkansız şeye inandığım olur." karşılığını alıntılamıştım. Aşağıdaki çalışma için, bu ifade ile biraz oynadım ve altı tane imkansız şeye inanmayı, altı tane imkansız şeyi yaratmaya dönüştürdüm.

Siz hiç imkansız şeyler yaratır mısınız? Neden olmasın? Sizi olmaya, yapmaya, sahip olmaya ve inanmaya eğitildiğinizin dışına çıkmaya davet ediyorum: İşimle yaratamayacağıma karar verdiğim altı tane imkansız şey nedir?

Cevaplarınızı yazın.

1. _____
2. _____
3. _____
4. _____
5. _____
6. _____

Şimdi cevaplarınızın her birine tekrar bakın ve sorun:
Bunun imkansız olması gerçekten doğru mu?
Bunun ortaya çıkması için neyi değiştirmem, seçmem ve kurup sürdürmem gerekir?

Bunu ortaya çıkartmam için işime, hayatıma, yaşantıma ve realiteme neyi eklemem gerekir?

Şimdi imkansız olan bir başka altı şey daha listeleyin.

1. _____
2. _____
3. _____
4. _____
5. _____
6. _____

İşinizle, paranızla, hayatınızla, realitenizle, mali işlerinizle, paralarınızla ve nakit akımınızla ilgili olarak neyin imkansız olduğuna karar verdiniz? Gerçek, bununla iligili var olan herşeyi yıkıp yaratımını godzilyon kere iptal eder misiniz? Right and wrong, good and bad, POD and POC, all nine, shorts, boys and beyonds.

Bugün işinizle ve sizinle ilgili hangi
sihir meydana gelebilir?

Eğer işinizin sihirli olmasına izin verecek
olsaydınız daha kolay olur muydu?

Biz Krallığı

Bağlamsal gerçeklikte iş yapmak genellikle rekabet etmek ve kazanmaktan ibarettir. Rekabet geleneksel işin hayati bir parçası olarak görülür. Şirketler aynı grup müşteriler için rekabet ederken, çalışanlar ve bölümler arasında da yoğun iç rekabet cesaretlendirilir. İnsanlar eğer rakiplerinin kalplerini söküp çıkarırlarsa ve kazanmak için mümkün olan her şeyi yaparlarsa başarılı olacaklarını düşünürler. Başarılı olmanın yönteminin bu olduğuna inanmaktadırlar.

Ben ise Biz Krallığı olarak adlandırılan başka bir yaklaşımı önermek istiyorum. Biz Krallığı'nda, hepimiz aynı gezegende beraberiz. Hepimiz vagonu aynı yöne doğru çekmekteyiz. Burada sözkonusu olan sizin tek bir birey olmanızla ilgili değildir. Biz Krallığı'nın gerçek gücü, hem sizin hem de herkesin en çok işine yarayacak olanı seçebilmesidir. Bu bizimle ilgilidir, olduğumuz varlıklar ve yaratmayı arzu ettiklerimizle ilgilidir.

Söz konusu olan çok daha büyük bir resimdir. Daha önceden belirlenmiş kurallara göre oynamak zorunda olan bir takım veya başka birisinin yapmamız gerektiğini düşündüğü şeyleri yapmak değil; hepimiz daha büyük olması mümkün olan bir şeye katkıda bulunmaya muktediriz.

Ya işinizde katkıdan işliyor olsaydınız? Ya bu gezegendeki her bir iş diğer işlere katkıda bulunuyor olsaydı? Ya işinizdeki diğer kişilere katkıda bulunmayı istiyor olsaydınız ve iş de size katkıda bulunabilseydi? Ya başka insanların işlerine katkıda bulunmaya gönüllü olsaydınız? Bu dükkanınızı başkasına terk edip gitmek zorunda olduğunuz anlamına gelmiyor; fikirlerinizi veya tasarımlarınızı vermek zorunda olduğunuz anlamına da gelmiyor. Ama ne zaman siz herkese ve herşeye katkıda bulunmaya istekli olursanız, o zaman her şeyin de sizin genişlemenize katkıda bulunacağı anlamına gelir. Başkalarına ait olan işler de dahil olmak üzere tüm işlere katkıda bulunduğunuzda, evren de size katkıda bulunur. Katkıda bulunmak ve ruh cömertliği işinizi yürütmenizin yolu olduğunda, rekabete kapıyı gösterirsiniz. Bu bağlamsal realitenin dışında çalışmakla ilgilidir.

Evren'e İş Verin

İşin Neşesi seminerlerimden birisinde, bir katılımcı bana, "Hayatım boyunca hep çok çalıştım ve bir çok işim oldu. Barmen oldum, fabrika işçisi oldum. Yakın zamanda kendi başıma hareket etmeye ve bir iş kurmaya karar verdim. Ancak her ne yapacak olursam olayım, bir türlü ilerleme kaydedemedim. Çok alışık olduğum için hep bana ne yapmam gerektiğini söyleyecek birini aradım." dedi.

Ben de "Ya evrene iş verseydin ve sana katkıda bulunmasını rica etseydin?" diye cevapladım. Şu soruyu sormayı deneyin: **"İşim ve ben hangi enerji, alan ve bilinç olabiliriz ki bu evrene sonsuzluk boyunca iş vermemize izin versin?"**

Evren burada size yardımcı olmak için var.
Eğer rica ederseniz... yerine getirecektir.

Aşağıda sizin evrendeki herşeye katkıda bulunma (ve onların da size katkıda bulunmasını alıp kabul etme) kapasitenizi ve istekliliğinizi geliştirmenize yardım edecek sorular bulacaksınız:

+ İş ortaklarıma ve çalışanlarıma ne gibi bir katkıda bulunabilirim?
+ Onlardan ne gibi bir katkı alabilirim?
+ İş benden nasıl bir katkı alabilir?
+ İş bana nasıl bir katkıda bulunabilir?
+ İşten nasıl bir katkı alıp kabul edebilirim?
+ Bedenim işime nasıl bir katkı sağlayabilir?
+ Bedenim işten nasıl bir katkı alıp kabul edebilir?

+ Kim ve ne işime katkıda bulunabilir?
+ İşim başkalarından hangi katkıları alabilir?

Sizi bu soruları hergün sormaya ve size gelen farkındalıklara dikkat etmeye davet ediyorum. Soru soruyor olmanız bir cevaba ulaşmanız gerektiği anlamına gelmemektedir; buradaki amaç enerjiyi harekete geçirmeye gönüllü olmak ve daha fazla olasılıkların ortaya çıkmasına izin vermektir.

Para Dahil Herşeye Katkıda Bulunursunuz

Bazan insanları aşağıdaki soruları sormaya davet ederim:

+ **Para bana nasıl katkıda bulunabilir?**
+ **Ben paraya nasıl katkıda bulunabilirim?**

Bana "Ne? benim paraya katkıda bulunabilmem nasıl mümkün olabilir ki?" diye cevap verirler. Ben de onlara yanıt olarak "Evinize, eşyalarınıza ve arabanıza dikkat göstererek katkıda bulunuyorsunuz, öyle değil mi? Paraya da aynı şekilde davranarak dikkat gösterirsiniz. Onu büyümesi için beslersiniz. Onun için müteşekkirsiniz. Onunla ilgili olarak hayecan ve keyif duyuyorsunuz. "Heyt be! Para" dersiniz. Siz de paraya onu genişletmek ve büyütmek için katkıda bulunacak iyi yatırımlar yaparak, katkıda bulunabilirsiniz." diyorum.

Kolaylık ve Neşe ve İhtişam

Access Consciousness'dan edindiğim en büyük araç Access'in mantrasıdır: Hayatın tümü bana kolaylık, neşe ve ihtişamla gelir. Mantra, sadece sizin iyi olarak yargıladığınız şeylerin değil, hayatın tamamının size kolaylık, neşe ve ihtişamla gelmesiyle ilgilidir. Mantra aynı zamanda sizin kötü olarak yargıladığınız şeyler ile de ilgilidir. Uykudan uyandığınızda ve hayatın göze o kadar da iyi görünmediği günleri biliyor musunuz? Veya işe gittiğinizde bir şeylerin sizin istediğiniz şekilde gitmediği zamanlarda nasılda hüsrana uğramış hissettiğinizi? Ya da yapılması gereken bir sürü şeyiniz varken tamamının nasıl olup da yapılabileceği hakkında hiç bir fikrinizin olmadığı zamanları?

Nasıl bir gün geçirmekte olduğunuza veya nelerin olup bittiğine bakmaksızın bu mantrayı "Hayatın tümü bana kolaylık, neşe ve ihtişamla gelir." kullanın. Tekrar tekrar söyleyin. Sizin için bir şeylerin değişmeye başlayacağını göreceksiniz. Evrenden hayatının tamamının size kolaylık, neşe ve ihtişamla gelmesini rica etmektesiniz.

Hayatın tümü bana kolaylık, neşe ve ihtişamla gelir ™

6. Bölüm

İnsanlar ve Hümanoidler

Kendinizi Yargılamaktan Çıkmak

Gary Douglas ile karşılaşmadan ve Access Consciousness seminerlerine katılmaya başlamadan önce, çoğunlukla bu gezegende hiç bir yere uymayan bir yaratıkmış gibi hissederdim. Daha sonra bir seminer esnasında, Gary dünya adlı bu gezegende iki tür varlığın yaşamakta olduğundan bahsetti: İnsanlar ve Hümanoidler. Şu soruyu sordu "Siz çocukken, ev ödevlerinizi televizyon ve müzik açıkken ve etrafınızda insanlar varken ve de siz konuşurken daha mı iyi yapardınız? Bütün bunlar olurken, herşeyi daha kolaylıkla mı yapardınız?" İşte o bendim.

Devam etti, "Hümanoidlere işleri yapma şekilleri nedeniyle yanlış oldukları eleştirisi getirilir. Onlara her seferinde tek bir şeye odaklanmaları gerektiği söylenir." İşte o da bendim! Gary insanlar ve hümanoidler hakkında konuşmaya devam ettikçe, yanlış ya da acayip olmadığımın idrakine vardım. Ben basitçe bir hümanoiddim.

Hümanoidler, en azından dört veya beş farklı projeleri varken veya aynı anda yürüyen bir kaç işleri varken daha iyi çalışırlar. Eğer devam eden sadece bir şeyleri varsa sanki dışardan oyalanmak, ayak sürümek gibi görünebilecek şeyler yaparlar. Aslında oyalanmamaktadırlar; sadece onların daha hızlı çalışmalarını sağlayacak birçok şeye ihtiyaçları vardır. Bilgisayarınız ile çalışırken on tane farklı belge mi açıktır? Eğer öyleyse büyük bir ihtimalle siz de bir hümanoidsiniz. İşleri insanlara nazaran daha çabuk halledersiniz. İnsanlar daha yavaş çalışma eğilimindedirler ve genellikle bir iş tamamlanıncaya kadar onun üzerinde çalıştıktan sonra sıradaki ile uğraşmaktan hoşlanırlar.

Yaptığınızdan Keyif Alır mısınız?

Hümanoidler, çalışmalarından oldukça fazla keyif alma eğilimindedirler. Genellikle de ne yaptıklarının önemi yoktur. Oluşturabilecekleri şeylerden heyecan duyarlar. Tavırları "Bundan sonra başka ne yapabiliriz?" şeklindedir. Genellikle de çalışmayı sevdiklerini söylemekten utanırlar. Çalışmayı sevdiğinizi ve iş yapmaktan keyif alan o acayiplerden biri olduğunuzu henüz fark etmediniz mi? Ya da iş yapmanın keyfinden işlemekte olduğunuzu? Ya da sizin kendinizin iş yapmanın keyfi *olduğunuzu?* İnsanlar bunun karşıtı olan yaklaşımdadırlar: "Ufff! Bugün daha Çarşamba sadece haftanın yarısı! Ya da "Bugün pazartesi, beş gün daha sabretmem gerek."

Kendinizi Yargılar mısınız?

İnsanlar ve hümanoidler arasındaki en büyük farklardan birisi de yargılama alanındadır. Hümanoidler, kendi kendilerini yargılama eğilimindedirler. Kendi yaptıkları şeylerin yanlışlığına gider veya müthiş şeyler başarmış olsalar bile neyi daha iyi yapabilecekleri konusuna odaklanırlar. Bu sanki sizi tanımlıyor olabilir mi? Her zaman yapmış olduğunuz işle ilgili yanlış bir şey olduğunu algılar mısınız veya bir şeyi daha iyi, daha çabuk, düzenli veya daha ucuz yapabilecekmiş gibi olduğunuzu? Pekala, bilin bakalım ne diyeceğim size? Yapmış olduklarınızda her hangi bir hata yok! Büyük bir ihtimalle siz bir hümanoidsiniz ve hümanoidler kendilerini bıkıp usanmadan yargılarlar. Buna karşılık insanların çoğunluğu bıkıp usanmadan başkalarını yargılarlar. Herbir kişinin farklı farklı kapasiteleri ve bir proje, iş veya çalışma için başka başka perspektifleri olduğunu tanımak yerine, insanlar şikayet etme, diğerlerini yargılama ve ne yapıp yapmadıkları hakkında konuşmak eğilimindedirler. İnsanların konuşmaları, "Aslında şöyle yapmalıydı." veya "O işi daha hızlı bitirebilirdi." gibi, yorumlarla doludur. Onların görüşüne göre, diğer insanların çalışmaları asla doğru değildir.

İnsanlar, Hümanoidler ve Para

İnsanları ve hümanoidleri birbirinden ayıran bir başka özellik paraya olan yaklaşımlarıdır. İnsanların büyük çoğunluğu, her hafta ellerine ne kadar para geçeceğini bilmek uğruna bir ücret veya maaş almaktan mutluluk duyarlar. Paralarını elde etmek için çok çalışmak zorunda olduklarına inanmak eğilimindedirler ve işleri kendilerine zor veya keyifsiz gelir.

Hümanoidler parayla daha az ilgilidirler ve sadece düzenli bir gelire sahip olmak için bir işe girme ihtimalleri azdır. Hayatlarını veya işlerini para üzerine kurmazlar. Onları bir şey oluşturmaya veya yaratmaya motive eden şey bu değildir. İşin yaratıcı kısmıyla daha fazla ilgilidirler. Eğer bunlar sizi tanımlıyorlarsa, hayatınızda daha fazla paranın ortaya çıkması için soru sormaya başlamayı isteyebilirsiniz.

Ya sizin olduğunuz yaratıcılık banka hesabınızdaki paralara dönüştürülebilseydi?

Sıklıkla İş yada Meslek değiştirir misiniz?

İnsanların çoğu hayatlarını olduğu gibi sürdürmekten memnundurlar. Herhangi bir şeyi değiştirmeye ilgili görünmezler; oysaki hümanoidler her zaman daha başka şeylerin arayışı içindedirler. Daima değişmek arzusundadırlar. Bir hümanoid bir kaç yıl içinde 20 tane farklı iş yapmış olan kişidir. İnsanlar ona "Sen istikrarsızsın." derler.

Hümanoidler "Ne demek istiyorsun?" diye sorarlar. En basit deyimiyle hümanoidler bir sürü şeyi denemek isterler. Bu sizi tanımlıyor mu? Sadece yapmak istediğiniz işleri yaparsınız, çabucak o işlerin ustası olursunuz, onlardan sıkılırsınız ve başka bir işe geçersiniz. Hayatınızın geri kalanı boyunca bir şeye takılı kalmak yerine ölmeyi tercih edersiniz. Kendinizi tek bir şeye takılı kalmaya zorlamaya kalkışmayın. Bu sizin bir varlık olarak kim olduğunuzun antitezidir.

İnsanlar ve hümanoidler arasındaki farkı bilmeden önce, sürekli olarak değişimi aramayı ve farklı bir şey arıyor olmayı yanlış olarak algılıyordum. Üstelik, bazı insanların neden değişmeyi arzu etmediklerini ve daha fazlasını istemediklerine şaşırıyordum. İnsan ve hümanoidlerin tanımları bunu anlamama yardım etti. Olduğum halimin yanlış olduğunu hissetmekten vazgeçtim. Çevremdeki daha fazlasını istememiş gibi görünen kişileri daha iyi anladım.

Başkaları İş Dünyasında Olmayı veya İş Yapmayı Neden Severler?

İnsanlar ve hümanoidler arasındaki farkı belirtmek onlar

hakkında yargıya varmak ile ilgili değildir. Bu gezegen üzerinde iki ayrı varlık türünün bulunduğunun farkındalığına varmak ile ilgilidir. İşinizde ve hayatınızda sizin için daha fazla kolaylık ve netlik yaratmakla ilgilidir. İnsanlar ve hümanoidler arasındaki farkı anlamak, bana iş dünyasında her bir kişinin neyi yapmayı ve olmayı sevdiğinin farkındalığını verdi. Bu bana ayrıca kişileri nasıl ele alacağımın farkındalığını, kolaylığını ve netliğini de verdi. Ümit ediyorum ki, bu bilgi sizin için de aynısını yapar ve sizi kendinizi yargılamaktan çıkmanız için teşvik eder.

Ya siz asla yanlış değildiyseniz?

Ya kendinizi yargılamaya son verseydiniz?

Hayatınız ve işiniz neye benzerdi?

Daha mı fazla yoksa daha mı az para yaratırdınız?

7. Bölüm

Kolaylıkla bir milyon şeyi birden halletmek Enerjiyi izlemek

Geçenlerde çok geniş ilgi alanları ve işleri olan bir kadınla konuştum, elindeki aynı anda yürümekte olan herşeyi nasıl idare edebileceğini merak ediyordu. Bazıları hayatlarının ve işlerinin farklı yönlerini koordine etmekte genelde sorun yaşarlar ve herşey ile başa çıkamayacakları endişesine kapılırlar. Siz de bunlardan mısınız? Sizin düşündüğünüzün aksine, bunun cevabı süper organize olmak değildir. İşte burası enerjiyi izlemek ve sizin sonsuz alanınızdan işlemek zorunda olduğunuz yerdir.

Şu alıştırmayı yapın:

Gözlerinizi bir anlığına kapatın ve dışarıya doğru genişle-yin ve sizin varlığınızın en dış kenarlarını hissedin. Bedeninizin en dış kenarlarına kadar genişleyin ve genişlemeye devam edin. Dışarıya doğru genişlemeye devam edin. Henüz varlığınızın en dış kenarına ulaştığınızı hissettiniz mi? Yoksa, genişlemeye devam mı ediyorsunuz? Bu şekilde genişlediğinizde, bütün gezegenin bir ucundan öbür ucuna kadar farkındalığa sahip olabilirsiniz. Buna karşın kasıldığınızda ya da daraldığınızda iki üç yada dört kişinin farkındalığına sahip olabilirsiniz. Bütün gezegenin farkındalığına sahip olmadığınızı fark ettiğiniz zamanlarda farkındalığınızı bu şekilde genişletme alıştırmaları yapın. Bir kas gibi geliştirilmesi mümkündür. Alıştırmaları yapmaya devam edin.

Siz evrenin içine doğru genişleme alıştırmaları yaptıkça, sizin kendi sonsuz alanınızdan gittikçe daha da kolaylıkla işlediğinizi göreceksiniz. Bu size dünyanın çok daha fazla farkındalığına sahip olmanıza izin verir. Dikkatinizi her nereye yöneltirseniz orada olup bitenlerin enerjisini algılayabilirsiniz ve herhangi bir yöne doğru çekildiğinizi hissettiğinizde, ona odaklanırsınız ve ne yapılması gerektiğini bilirsiniz.

Aynı anda yürümekte olan 30 ayrı projeniz olduğu zaman, bu her birinin üzerinde her gün çalışmak zorunda olduğunuz anlamına gelmez. Fakat bu onların tamamının sizin farkındalığınızda olduğu anlamına gelir. Onları farkındalığınızın dışına kilitlemezsiniz. Bu farkında olmaya, bir şey üstünde ne zaman çalışmak gerektiğini bilmeye veya birisini size yardım etmeye davet etmek gerektiğini bilme farkındalığına istekli olmakla ilişkilidir. Bu aynı zamanda daha önce bahsettiğim soruları sormak ve evrenin size yardım etmesine izin vermekle de ilgilidir. (Evrene tüm sonsuzluk boyunca sürecek bir iş verdiğinizi hatırlayın.)

Enerjiyi İzlemek

Enerjiyi izlemek, işinizin ve hayatınızın neler olabileceğini bilmek ve bu enerjiye denk gelen tüm şeyleri takip etmek demektir. Ne olabileceğinizi bildiklerinizin enerjisini izlediğinizde, bağlantı kaynağı olarak öğretilmişliklerden işlemezsiniz. Sonsuz algılama, bilme, olma ve alıp kabul etmeden işlersiniz. Olasılıklar sizin mantıklı aklınızın bildiklerinin ötesindedir. Onlar zaman, boyutlar, realite ve maddenin ötesindedirler. Siz soruyu sorarsınız ve cevabın neye benzeyeceği, ya da sizden ne yapmanız veya olmanız isteneceği hakkında hiç bir fikriniz yoktur ve siz o olmaya ve onunla ilgili bir aksiyon almaya hazırlıklısınızdır. Enerjiyi izlediğinizde, neyin ortaya çıkacağını asla bilmezsiniz. Arkadaşım Dr. Dain Heer'in dediği gibi "Asla sizin benzeyeceğini düşündüğünüz şekile benzemeyecektir". Dolayısıyla, her hangi bir noktada herhangi bir sonuca ulaşamazsınız.

İşinizin Enerjisini İzlemek

Bir ofisim olduğu zamanlarda, çalışmak için her gün oraya giderdim; ancak arada bir de ne işin ne de benim çalışmak istemediğimiz günler olurdu. Bu gibi günlerde kendimi ofisin hemen dışına atmayı çabucak öğrendim. Sinemaya, yemek yemeye, yüzmeye, ya da sadece kendim için bir şey yapmak için dışarı çıkardım. Yapmak istediğim birşeyi yapardım çünkü ofisde kalmanın üretken bir şey olamayacağını bilirdim. Diğer günlerde ise gece yarısını epeyce geçen saatlere kadar çalışıp bir haftada çıkarılabilecek işlerin tamamını dört ya da beş saat içinde yapardım. İşinizin neye ihtiyacı olduğu hakkında başkalarının bakış açılarını satın almayın. Bunu yapmaya gücünüz yetmez. Neyin gerektiğini siz bilirsiniz. Ben çalıştığım zamanlarda sadece oluşturmayı arzu ederim. Çalıştığım saatleri dikkate almam. Bunun arada sırada ilginç senaryolar yarattığı da olur. Bir zamanlar Good Vibes'da bir lojistik ekibiyle beraber çalışmıştık, çalışmakta olduğumuz düzensiz saatleri gördüklerinde onlar da bize dokuz beş arasında çalışıyormuş gibi görünmek zorunda olduğumuzu söylediler. Biz birbirimize bakıp "Ne?" dedik; çünkü biz insanları bir

Cumartesi gecesi saat dokuzda arardık. Emailleri Pazar öğleden sonraları gönderirdik. Onlar da bize "Tüm emailleri kaydedip Pazartesi sabahı gönderin." dediler. Biz yine "Ne?" dedik... bir keresinde Amerikadan birisi benim iş ortağıma şunu söyledi: "Simone dün beni aradı, Pazar günü. Burada günlerden Pazar olduğunun farkında olduğunu sanmıyorum." İş ortağımsa gülümseyerek "Simone günlerden Pazar olduğunun idrakinde olmamıştır, çünkü onun için hergün iş günüdür ve hergün tatil günüdür. Enerjiyi izlemek, işleri kendi zamanı ve yöntemiyle ele almak onun iş keyfinin bir parçasıdır.

Ya Hayatınızı ve İşinizi Hergün Yeni Baştan Yaratsaydınız?

Yıllar önce, dünyayı gezerken, bir yerden başka bir yere giderken, hergün yeni insanlarla karşılaşıyordum. Bunun sayesinde idrakine vardığım şey hayatımı hergün yeniden yaratabileceğimdi. Karşılamam gereken hiç bir beklenti ya da yerine getirmem gereken bir yükümlülük yoktu. Her kim olmayı arzu edersem o olabilirdim. Yapmayı istediğim herhangi bir şeyi yapabilirdim. Hiç bir şey önemli değildi. Kendimi hergün daha başka türlü olacak bir şekilde yaratabilirdim. Her gün bir maceraydı. Sabah uyandığımda, o günün sonunda nerede olacağımı asla bilmiyordum. Nerede yemek yiyeceğimi, o gece nerede uyuyacağımı o gün kiminle karşılaşacağımı veya karşıma çıkacak herhangi bir şeyin neye benzeyeceğini asla bilmiyordum.

Aynı macera hissini hem gündelik hayatımızda hem de işimizde yaratmayı neden seçmeyelim ki? Uyandığınız her yeni günde "İşimin bugün neye benzemesini isterdim?" diye sorsanız nasıl olurdu? Ya hayatınızı ve işinizi her gün yeniden yaratsaydınız nasıl olurdu? Ya enerjiyi izleseydiniz ve sizin kendi sonsuz alanınızdan işleseydiniz nasıl olurdu?

Sonsuz alan nedir?

O hiç bir sonuç, kısıtlama ve beklenti barındırmadan sadece soru, talep ve seçimler olduğu zaman kendi realiteniz içinde yarattığınız alandır.

8. Bölüm

Siz işiniz değilsiniz

Bir gün Sydney'de yolda yürürken birisi "Aa, Good Vibes'daki kadın!" diye seslendi. Başlangıçta bunu oldukça eğlenceli bulmuştum. Ancak, üzerinde daha fazla düşündükçe, işimle o kadar çok özdeşleşmiş olduğumu farkettim ki eğer işim olmasaydı kendimin kim olduğunu bile bilemediğimi fark ettim. Şimdi bunun gerçek olmadığını biliyorum. İşim başlı başına apayrı bir kişilik. Benim fasilite ettiğim bir şey. Hergün ona katkıda bulunuyorum ve her gün onun da bana katkıda bulunmasına izin veriyorum, fakat bu işimin ben olduğu anlamına gelmiyor. Kendimin sadece "Good Vibes'daki kadın!" kimliğinde kalmasına izin vermiş olsaydım, o zaman asla Access Consciousness ile çalışma olasılığını elde edemezdim. O kimliği yerinde tutabilmek için, bütün diğer olasılıkları kapatmak zorunda kalırdım.

Eğer işinizle özdeşleşmiş olursanız ve işinizin size eşit olduğunu düşünüyorsanız; olan biten şeyleri sizin olmaları gerektiğini düşündüğnüz şekilde yönlendirmeye teşebbüs edersiniz ve istemeden de olsa olası olanları kısıtlarsınız. Kendinizi işinizle bir görmek aynı zamanda eğer işiniz başarısız olursa, sizin de başarısız durumuna düşmek zorunda olmanız veya "Tamam buraya kadarmış demek ki. Yola devam etmenin zamanı gelmiş!" demek farkındalığına varmak yerine onu yaşamaya zorlamaya çalışmanız demektir. Bu bir ilişkiyi var olmaya zorlamaya benzer. Hepimiz bunu denedik ve işe yaramadığını öğrendik. Eğer onu kendi haline bırakma zamanı gelmişse, onu kendi haline bırakma zamanı gelmiştir.

Herşeyin bilinci vardır, buna işiniz de dahildir. Bir işin kendini geliştirmek istediği bir yön vardır ve siz bunu alıp kabul ettiğinizde ve buna izin verdiğinizde işiniz bu konuda çok daha fazla başarılı olabilir. Ben her zaman işime, ne yapmak istediğini, kiminle buluşmak istediğini ve kiminle berabar bir şeyler yapmak istediğini soruyorum. Bütün bu sorulara bilişsel birer cevabınız olamayabilir; bunda bir sorun yok. Burada temel şey bu soruları sormak ve enerjinin ortaya çıkarak bundan sonra sırada neyin olduğunu size göstererek size rehberlik etmesine izin vermektir. Bunun için yapmanız gereken şey sadece alıp kabul etmeye ve seçmeye gönüllü olmaktır.

İşinize sorular sorun ve o size bilgi verecektir. Eğer sorarsanız, işiniz müşteriler veya iş bağlantıları ya da gereken her neyse onları çekecek enerjileri gerçekten yaratmaya ve oluşturmaya başlayacaktır.

İşinize, projenize veya şirketinize sorabileceğiniz çok sayıda soru bulunmaktadır:

+ **Sana bugün hangi katkıda bulunabilirim?**
+ **Bundan sonra neyi yaratmak isterdin?**
+ **Ne yapmak isterdin?**
+ **Bu gün nerede olmak isterdin?**
+ **Kiminle konuşmak isterdin?**
+ **Kimin seninle işe dahil olmasını isterdin?**

İşinizin, sizden farklı bir kişilik olduğunun farkındalığına sahip olmak, sizin hayatınızı daha da kolaylaştırır ve sizin daha da çok eğlenmenize izin verir. Bir iş olmak zor bir uğraştır. Kendinizi bir iş yapmaya çalıştığınızda daha da çok çalışmak zorunda kalırsınız.

Bir zaman önce, Access Consciousness'ın Dünya Çapında Koordinatörü görevini yürütürken, Good Vibes for You işini yürüttüğüm zamanlara kıyasla daha da genişleyen bir halde olduğumun farkına vardım. Bir gün Gary ile konuşurken, "Neden Access ile çalışırken çok daha fazla alan ve farkındalığa sahip olabiliyorum? Tüm dünyayı ve ötesini görebiliyorum, ne yapmam gerektiğini ve kiminle temasa geçmem gerektiğini biliyorum. Ama aynı şeyi Good Vibes ile ilgili olarak yapamıyorum." diye sordum.

Gary'de bana " Çünkü Good Vibes'ın sahibisin de ondan." dedi.

Onun doğru olduğunu idrak ettim ve Good Vibes kartvizitlerimi yeniden tasarladım. Artık üzerlerinde "Simone Milasas, Sahip" yerine "Simone Milasas, Dünya Koordinatörü" yazıyor. Bu da bana benim Good Vibes olmadığımı hatırlamama yardım ediyor. Ben Good Vibes'ın sahibi değilim. Ben Good Vibes'ın dünya çapında koordinatörlüğünü yapıyorum. Bunu yapmak benim çok daha geniş bir alandan işleyebilmeme yardım etti.

Bu konuyu çok yetenekli hem müzisyen hem de aktör olan bir kadın ile de konuştum. Bana şunları söyledi "Bu benim için büyüleyici bir şey. Hem müzik yapmayı hem aktörlüğü çok seviyorum, ancak her ikisini de reddediyordum; çünkü beni onların tanımlamasını istemiyordum. 'Eğer bir tek bunu yaparsam, o zaman daha başka bir şey yapamam, çünkü ben artık oyum. O artık benim'. Kendimi bu şekilde sınırlamayı istemiyorum. Şimdi farkettim ki eğer kendimi onlarla tanımlamazsam tüm bunları yapabilirim".

İşiniz her ne olursa olsun, siz işiniz değilsiniz. Ne zaman kendinizi işiniz olarak tanımlarsanız, ne kadar olabileceğinizi, yapabileceğinizi, sahip olabileceğinizi, yaratabileceğinizi ve oluşturabileceğinizi kısıtlarsınız. Farkındalığınızı ve sonsuz olasılıkları alıp kabul etme yeteneğinizi yok edersiniz. Ancak işinizi ayrı bir varlık olarak ve kendinizi de onun fasilitatoru olarak görürseniz, çok daha fazla özgürlüğünüz ve alanınız olur. Belirli varlığın başarısı sonucuna bağlı kalmazsınız ki bu da sizin mümkün olandan çok daha fazla bilgiyi alıp kabul etmenize izin verir.

İşinize Bir İş Verin

İşinizin ayrı bir varlık olduğunun farkına vardığınızda, ona yapılacak bir iş verebilirsiniz. Ona onun işinin sizin için para kazanmak olduğunu bildirin. Ondan nakit akışı yaratmasını isteyin. O size " Senin için para yaratmak mı? Tamam!" diye karşılık verecektir. Ben God Vibes'dan, Access Consciousness ve İşin Neşesinden bahsettiğimde onlardan "üzerinden para kazandığım işlerden bir tanesi" diye bahsederim. Bu bana onların işinin para yapmak olduğunu hatırlatır.

Sonuçlarınızı Sorulara Dönüştürün

Bir anlığına durun ve işinizle ilgili olarak sonuçlara ulaştığınız tüm yerlere şöyle bir bakın. "Bu işe yaramıyor." Ya da "Bu bir işe yaramaz." dediğiniz veya herhangi bir sonuca gittiğiniz her an, farkındalığınızı öldürürsünüz. Bunu yerine işinize "Hangi soruları sorabilirim?" diye sorabilirsiniz. Diyelim ki bir çiftliğiniz var ve onun başarısız olduğuna karar verdiniz. Çifliğinize şu soruları sormayı deneyin:

+ Neye ihtiyacın var?

+ Burada değişmesi gereken bir şey mi var?
+ Değiştirebilir miyiz?
+ Nasıl değiştirebiliriz?

Sözün gelişi siz mısır yetiştirmeye çalışırken çiftlik elma yetiştirmeyi istiyor olabilir. Toprak neyin farkında olabilir? Yakın zamanda bir kuraklık mı olacak? Daha başka bir şey mi yetiştirmeyi denemelisiniz? Herşeyin bilinci vardır, dolayısıyla daha fazla bilgi edinmek için herşeye sorular sorabilirsiniz. Ya işinizin her yanını hesaplayıp kitaplayarak değil de, bu şekilde yaratıp oluşturabilseydiniz nasıl olurdu?

İşinize sorular sorduğunuz zaman, cevabın ne olması gerektiği hakkında herhangi bir bakış açınız olamaz. Herkesin, buna işiniz de dahil olmak üzere, size yollamakta olduğu enerjileri alıp kabul etmeye gönüllü olmak zorundasınız. Bütün bakış açılarını herhangi bir yargı olmaksızın alıp kabul edersiniz. "Neyi arzu ediyorum?" diye sorun sonra da işe veya projeye bağlanarak "Neye ihtiyacın var?" diye sorun; daha sonrada bir seçim yapın. Ve daha sonra başka bir seçim, daha sonra başka bir seçim ve daha sonra başka bir seçim yapabilirsiniz, çünkü yaptığınız herhangi bir seçim on saniyeliğine iyi bir seçim olabilir. Seçim her zaman daha fazla farkındalık yaratacaktır.

İşiniz dahil herşeyin bilinci vardır.

Seçim farkındalık yaratır, farkındalık seçim yaratmaz.

~ Dr. Dain Heer

9. Bölüm

Hedeflere karşılık amaçlar

Başarı sizin için ne demektir?

Sizin için başarı ne demektir? Birçok kişi için, başarı parasal bir değerdir. Banka hesabında ne kadar para olduğu veya bir Kar/Zarar tablosundaki rakamlar ile ilgilidir. Ya iş için başarı başka bir şey demekse? Ya sadece kar elde etmekten ibaret değilse? Ya sizin ve işiniz için daha büyük bir hedef varsa? Ya eğer para sizin işinizle mümkün olduğunu bildiğiniz şeylerin enerjisini yarattığınız ve oluşturduğunuzda ortaya çıkıyorsa? Biliyor musunuz? Evet o zaman ortaya çıkar!

Benim için iş, dünyayı değiştirmek ile ilgili. Ben sadece dünyada fark yaratmaya çalışan Avustralyalı bir kişiyim. Eğer bunun mümkün olmadığına karar vermiş olsaydım, bu kelimeleri kaleme alıyor veya İşin Neşesi seminerlerini veriyor olmazdım. Eğer benim söylediğim bir sözden dolayı, bir kişi bu kitabı okuduktan veya seminerden sonra azıcık bile olsa değişmiş olursa, o zaman ben başarılıyımdır.

Sizden ne haber? Sizin için başarının ne demek olduğunu bir kez daha gözden geçirdiğinizde, amaçlarınızın ne olduğunu tekrar düşünmeye başlayabilirsiniz. Bunu yapmadan önce, sizi hedef ve amaç arasındaki farkın ne olduğunu düşünmeye davet ediyorum. Bir hedef sonsuza kadar hareket eder. O koşullar değişse bile nişan almaya devam edebileceğiniz bir şeydir. Bir amaç ise, öte yandan, bir yere koyacağınız bir şeydir. Bir amaç daha kesin ve katıdır. Neredeyse hemen her zaman hayal kırıklığına ve yargıya götüren beklentileri içerir. Ve bir hedef sonsuz iken amaç sonludur.

Hedefe nişan almanın enerjisi ile bir amacın peşinde gitmenin enerjisi farklıdır. Nişan almanınki daha hafiftir. Bir amaç daha çok bir zindan gibidir ki bir hapishaneye benzer. Eğer o amaca erişemezseniz, kendinizi yargılarsınız. Eğer erişecek olursanız da onu nihai bir bitiş çizgisi olarak görebilirsiniz. Ondan sonra ne yaparsınız? Her durumda kendinizi kilitlersiniz.

Sizin Hedefiniz Ne?

Bir arkadaşıma işiyle ilgili olarak ne hedefi oluşturmayı arzu ettiğini sorduğumda, o bana "Herhangi bir hedefim yok. Sadece şaraplık üzüm yetiştirecek bir yer açmak istiyorum." demişti.

"Eğer bir soru soracak olursan hedefinin farkındalığı ortaya çıkacaktır." diyerek ona sorular sormaya başladım.

"Üzüm bağının insanların veya dünyanın üzerinde nasıl bir etki yapmasını isterdin? Şarap kimin için?"

"Şarap hakkında hoşuma giden şey insanlar arasında genellikle oluşturduğu samimiyet." diye cevap verdi.

"Harika. Hedeflerinden bir tanesi işte burada." dedim ve daha sonra da "Üzüm bağını yaratmak ile ilgili olarak başka ne gibi enerjiler geliyor sana?" sorusunu sordum.

"İnsanların kendilerinin ve şarabın keyfini sürmeleri ve hayatın zerafetine katılmaları için bir davet. Arzu ettiğinizden veya bu realitenin izin vereceğinden daha fazlasına sahip olmak ile ilgili. Hedonistik bir şey. Ve ayrıca toprakla oynamak ve çalışmanın enerjisi de var."

"Harika, hayatında ve işinde zerafet ve samimiyetten hoşlanıyorsun ve ayrıca toprakla oynamak ve çalışmaktan hoşlandığını da biliyorsun."

"Evet. Dünyanın bakıcısı olmak istiyorum."dedi.

Bu onun işini yaratmak için hedeflerini belirlemeye başlaması için iyi bir başlangıçtı, çünkü daha önce de belirttiğim gibi hedefler sonsuza kadar değişiklik gösterirler.

Tanıdığım bir Access Consciousness fasilitatoru, gezegen üzerinde farkındalık ve bilinç yaratmayı arzu ediyor. Onun hedefi bu. Karşılığında para almamasına rağmen cezaevlerindeki kişilerle beraber çalışıyor. "Hafif geliyor, faydalı, keyifli ve eğlenceli. Benim dünyama çok sayıda şey getiriyor." dedi. Her hafta cezaevlerindeki kişilerle beraber çalışmayı seçmekle evrenleri daha fazla farkındalığa ve bilince açıyor.

Hedefinizin ne olduğunu bildiğinizde ve hedefle birlikte size gelen enerjiyi tanıdığınızda, o enerjiyi hayatınıza davet edebilirsiniz. Ne zaman o enerjiye uyumlu olan birşey ortaya çıksa, onu seçin. Onun para, işinize gelen birisi, ya da işinizden çıkan birisi veya bir ürünün ya da hizmetin tamamen yenilenmesi şeklinde ortaya çıkması hiç fark etmez. Eğer o sizin hedefinizin enerjisi ile uyumlu ise ona yönelin.

Çok uzun zamandan bu yana benim hedefim insanlara dünyaya başka bir şekilde bakma ilhamı vermekti. Bunun neye benzeyeceğini bilmiyordum; yine de o enerjiyi hayatıma davet etmeye başladım. Good Vibes For You'yu başlattım, daha sonra da beni Access Consciousness ile tanıştıran, Gary Douglas ile karşılaştım.

Gary ile beraber San Francisco'daki ilk büyük Access Consciousness seminerime gitmeyi düşündüğüm zamanlarda, bir sürü borcum vardı. Gitmenin yapılacak doğru bir şey olup olmadığından tam olarak emin değildim, dolayısıyla o zaman benim muhasebeciliğimi de yapmakta olan babamla konuştum. Bana "Her şeyi üst üste koyduğunda bu seyahatin sana maliyeti 10.000$ olacak. Bu büyük bir para, ancak hayatınla yapmak istediğin şeyin gerçekten bu olup olmadığını anlamak için bu seyahati yapmak zorunda olduğunu düşünüyorum."dedi. Kendi yordamıyla bana enerjiyi takip etmemi ve seçimimi seyahatin maliyetine bakarak değil de benim hayatımın neye benzemesini istediğimi göz önüne alarak yapmamı tavsiye etti. Ona bunun için çok minnetarım.

Gitmemek için milyonlarca gerekçe çıkarabilirdim. "Gitmeyi çok isterdim, ama param yok. Yapamam diyebilirdim." Ve bu da gelecekteki olasılıkları ve bugün hayatımda olan herşeyi öldürürdü. Bunun yerine olmak istediğim yerin enerjisinine uyan şeyleri, bu her neye benzer ise benzesin, izledim ve bu gerçekten de gezegende daha fazla bilinç oluşturdu ki bu da beni başlangıçtaki hedefime götürdü. Daha başka neler mümkün?

Kaç tane gelecek olasılığını kapattınız? Bununla ilgili var olan herşeyi godzilyon kere yıkıp yaratımını iptal etmek ister miydiniz? Right and wrong, good and bad, POD and POC, all nine, shorts, boys and beyonds.

Sizin hedefiniz ne? Sizin yaratıp, oluşturup, kurup devam ettirmeyi istediğiniz şey nedir?

Sizin hedefinize uyumlu olan herşeyi algılamaya, bilmeye, olmaya ve alıp kabul etmeye gönüllü olmadığınız her yeri godzilyon kere yıkıp yaratımını iptal etmek ister miydiniz? Right and wrong, good and bad, POD and POC, all nine, shorts, boys and beyonds.

Kar Hedefinizi Oluşturmak İçin Soruları Kullanın

Aynı zamanda işiniz için de kar hedefleri oluşturabilirsiniz. Bir süt ürünleri çiftliği sahibi ile konuşmuştum bana şunları söylemişti: "Belirli sayıda ineğimizin olmasını seçtik ve onlar bize belirli miktarda kar getiren belirli miktarda süt üretiyorlar. Sahip olduğumuz inek sayısını artırmamayı seçiyoruz ancak karımızı artırmayı istiyoruz. Bunu nasıl başarabiliriz?"

"Öyleyse, daha fazla bilgiye mi ihtiyacın var?"

"Hayır." diye cevapladı.

Şaka yollu olarak "Pekala 'İneklerimizin sihirli hale gelip ürettiklerinin dört katı kadar süt üretmeleri için ne gerekir?' diye sorabilirdin. Belki de böylece o ortaya çıkabilirdi fakat benim önerdiğim şey senin olanın farkındalığına sahip olman ve yüksek karlılığa ineklerinin gerçekten de ne kadar süt ürettiği noktasından bakmanı sağlamak. Daha sonra da 'Kar hedefimizi oluşturmak için işimizde daha başka neler yapmalıyız veya işe neler eklemeliyiz?' gibi bir soru sor. Belki bir Access Consciousness seminerine katılman veya belki de daha fazla inek alman gerek. Eğer daha fazla farkındalığa sahip olmak arzusundaysan, o zaman daha fazlasını oluşturabilme olasılığın olur. Belki de başka bir çiftliği daha işletmen gerek. Ona sahip olmana gerek yok, işletebilirsin ve süt üretiminiz iki katına çıkabilir. 'Peki, eğer bunu bir çiftlik ile yapabiliyorsak, daha başka kaç tane ile bunu yapabiliriz?' veya 'Nasıl kendimi sadece şu an sahip olduğum sürü ile sınırlandırıyorum? Daha başka neler mümkün?'"diye sorabilirdin dedim.

O günden bu yana ürün çeşitliliklerini artırdılar ve çok tutulan ve iyi satış yapan, çok lezzetli ve üst kalite bir kremayı pazarlamaya başladılar.

Bir hedef koyduğunuzda gözlerinizi sizin ötenizde ve

dışınızda bir şeye dikmelisiniz. Öne çıkmaya ve bir şey yapmaya hazırlıklı olmalısınız yoksa şimdi bulunduğunuz yerden ötesine gidemezsiniz. Zaman, boyutlar, realite ve madde şematiklerinin ötesine gitmek zorundasınız. "Bugün farklı olacağım. Ve yarın yine farklı olacağım." demek zorundasınız.

Hedeflerinizin Kararlar Haline Gelmesine İzin Vermeyin

Ben hedef koymayı severim. Aynı zamanda onların beni hangi yollarla kısıtlayabileceğinin de farkındayım. Hedefler yapışıp kalan kararlar haline gelebilirler. Ya da siz sonuca bağlı kalabilirsiniz. Ne zaman birşey onu ilk seçtiğim zamanki kadar hafif ve neşeli gelmemeye başladığında onun bir karar haline gelmiş olduğunu bilirim.

İnsanlarla Access Consciousness proseslerini fasilite etmeye ilk başladığımda, sonuca bağlanmıştım. Birisiyle özel bir seans yaptığımda eğer onlar bundan birşeyler anlamamış gibi görünürlerse paramparça olurdum. İşin neşesi kesinlikle bu değildir. Şimdi yaklaşımımı değiştirdim. Beraber çalıştığım insanın sadece küçük bir aracı almış olabileceğini ve o küçücük aracın o insanın hayatını inanılmaz bir şekilde genişletebileceğini biliyorum. Bir hafta sonra da benim söylediğim bir şey aniden yerini bulabilir. Değişim birçok farklı şekilde ortaya çıkabilir. Ne yaptığınızın sonucuna odaklı kalamazsınız, çünkü sonucun gerçekten ne olacağını asla bilemezsiniz.

Örneğin, bir seminer vermeyi planlıyor olabilirsiniz. Bunu duyurmak için elinizden gelen herşeyi de yaptınız ve "x" sayısında insan gelmesi hedefini koydunuz. Bir hedefinizin olması iyidir daha sonra da ondan uzaklaşmak zorundasınızdır. Ya sadece bir kişi gelecek olursa? Asla bilemezsiniz, bu bir kişi ile neler değiştirebileceğinizi. Bu benim başıma geldi.

Ben bir Access Consciousness tanıtım seminerine katılan tek kişiydim. Ve aklımdan "bu adam çılgının biri!" diye geçirdim. Ertesi sabah uyandığımda ise bir şeylerin çok farklı olduğunu biliyordum. Onu aradım ve "Bana ne yaptın? Kendimi farklı hissediyorum." diye sordum. Bu benim hayatımda yeni bir dönemin başlangıcıydı.

Diyelim ki bir fuara katılmak için yola çıkmak üzeresiniz ve hedefiniz, mümkün olduğu kadar çok insanla tanışmak. Oraya gitmenin başarısını geri döndüğünüzde elde etmiş olacağınız isimler ve telefon numaralarının sayısına göre ayarlarsınız. Belki de başarı daha başka bir şeydir. Ya siz sadece kendiniz olarak biletleri alan kişinin hayatını bir şekilde değiştirdiyseniz?

Başarısız Olamayacağınızı Bilseydiniz Ne Yapacağınızı Hayal Edin

Bazen insanlar, başarısız olma korkuları nedeniyle kendi kendilerini hedeflerine doğru yol almaktan alı koyarlar. İyi de başarısız olmak nedir ki? Hadi bakalım tanımlamaya çalışın. Hiç gerçekten de başarısız olur musunuz? Yoksa bu sizin oluşturduğunuz bir şeyin neye benzeyeceğini öngördüğünüz şekilde meydana gelmemesi mi? Bu nasıl olur da başarısızlık olarak adlandırılabilir ki? Hedefler sonsuza dek hareket halindedir, her zaman değişim içindedirler.

"Başarısız olamayacağınızı bilseydiniz ne yapacağınızı hayal edin" noktasından işlemeyi arzu etmediğiniz her yeri godzilyon kere yıkıp yaratımını iptal eder misiniz? Right and wrong, good and bad, POD and POC, all nine, shorts, boys and beyonds.

10. Bölüm

Değişmeye gönüllü olmak

Portakal Ağaçları mı Yoksa Limon Ağaçları mı?

Çoğunlukla, işlerinin ne olabileceğini sormak yerine; ne olacağı sonucuna varmış kişiler ile karşılaşırım. Bir örnek ile anlatayım. Diyelim ki birileri portakal suyu üreten bir şirket kurmaya karar verdiler. "Neye ihtiyacımız var?" diye sorabilirler, portakal ağaçlarına. Tamam! Biraz portakal ağacı alırlar ve dikerler. Ağaçlar büyümeye başlarlar ve yeni işin sahipleri üretecekleri lezzetli portakal sularının hayali ile heyecanlanırlar. "Ülkedeki en iyi portakal suyunu satacağız." sonucuna varırlar ve şirketlerinin hayli başarılı olması için gereken her şeyi yerine getirmeye başlarlar. Ağaçlar büyümeye devam ederler ve insanlar da onlara özenle bakarlar. Onları sularlar gübrelerler. Günün birinde çiçekler açar. Şirket sahipleri daha da heyecanlanırlar "Yakında portakallarımız olacak!". Daha sonra da meyvalar olur. Fakat ürün portakal değil limondur.

Sonsuz olasılıklarda yaşarken bakış açısı "Ooo! Limonlar! Bunun hakkında doğru olup bizim algılayamadığımız ne var? Limonlar ile ne iş yaratabiliriz? Limonata yapabiliriz ya da limonlu kek yapabiliriz." olacaktır.

Çoğu insan bu yaklaşım içinde olmaz. "Aman. Bu işe yaramadı." derler ve ağaçları kökünden keserler. Evrenin onlara hediye ettiği bir şeyi imha ederler çünkü o hediye onların olması gerektiğini düşündükleri şekilde ortaya çıkmamıştır. Olayların bu şekilde gelişmesi zorunlu değildir. İşler ve şirketler eğer siz onları değiştirmeye gönüllü olursanız anında değişebilirler. Aslına bakacak olursanız sizin tüm hayatınız da çabucak değişebilir; siz sadece herşeyin mümkün olduğuna istekli olmak zorundasınız.

Soru, Talep, Seçim ve Katkı

Hayatınızda ve işinizde değişim yapmanın dört unsuru; soru, talep, seçim ve katkıdır. Bir soru sorarsınız ve bu da daha büyük olasılıklara kapılar açar. Arzu ettiğiniz ve ihtiyaç duyduğunuz şey için talepte bulunursunuz, bu da bir şeyin var olması için gereken oluşturucu enerjiyi yaratır. Ve siz bir seçim yaparsınız. Burada yapmış olduğunuz hiç bir seçimin yerinde sabit olmadığını bilerek 10 saniyelik adımlarla seçersiniz. Bir şey seçersiniz ve daha sonra yeni bir farkındalık edinirsiniz ve yeni bir seçim yaparsınız. Bir seçim yapmak ise size nelerin mümkün olduğunun farkındalığını verir. Bütün bunlar ise bir katkıdır; sizin ve işiniz için var olan olasılıklara katkıda bulunur.

Değişmeye Gönüllü müsünüz?

Bir iş yaratıp onun CEO'su olmak çok ender bulunan bir kişi gerektirir. Sıklıkla CEO olarak görev yapan kurucular kendi orijinal iş vizyonuna saplanıp kalır ve onu değiştirmeye isteksiz hale gelir. Bunun nedeni, kuruluş aşamasında kurucular o kadar çok bakış açısı ve sonuçlar oluşturma eğiliminde olurlar ki bu onların şimdiki ve gelecekteki olasılıkları görebilmelerine engel olur. İşin neye benzemesi gerektiği hakkında sabit bakış açıları vardır ve bu bakış açıları iş içinde blokajlara yol açarlar.

Ne zaman birisi iş için harika bir teklifle gelecek olsa kurucu ya bunu göremez ya da tanıyamaz. Hiç bir şeyi değiştirmeyi istemezler, tam olarak ihtiyaç duyulan şey değişim olsa bile. En sonunda işlerini mahfettikleriyle kalırlar.

Aynı şeyi neredeyse Good Vibes for You ile ben de yaptım. İşimle hedefim, insanların dünyaya nasıl baktıklarını değiştirmekti ve Gary Douglas ile karşılaştıktan ve Access Consciousness araçlarını kullanmaya başladıktan sonra Access Consciousness'ın benim Good Vibes for You ile olan hedefimin enerjisine tam olarak denk gelen şeyler sunduğunu biliyordum. Bir süre sonra tam zamanlı olarak Access Consciousness yapmak istedim ve bunu yapmanın yolunun Good Vibes for You'nun imhası olduğunu düşündüm.

Gary ne yapmakta olduğumu farketti ve bana "Good Vibes for You'yu neden imha etmek zorunda olasın ki?" diye sordu.

"Çünkü şimdi Access Consciousness yapmak istiyorum." dedim (Buradaki soruyu farkettiniz mi? Hayır. Çünkü tamamı sonuçtu.)

"Neden her ikisini birden yapamıyorsun? Good Vibes for You değişemez mi? Veya sen işe başka birini dahil edemez misin?" diye sordu.

Bu sorular benim hayatımı değiştirdi. Ondan önce sadece bir tane şirketim olmak zorunda olduğu bakış açısına sahiptim. Bir kişi için bir şirketin yeterli olduğuna inanmaya eğitilmiştim. O zamandan bu yana bir şirketin benim için yeterli olmadığını keşfettim. Gary ile konuştuktan sonra işimi yok etmenin tek seçeneğim olmadığını idrak ettim. Onu değiştirebilirdim! Bir yönetici işe aldım, işin %50'sini ona verdim ve işleri o yürütmeye başladı. Bu bana Access Consciousness içinde yapmak istediklerimi yaparken Good Vibes for You'yu da elimde tutma imkanı verdi.

Kaç kere portakal ağacı yetiştirmeye başladınız ve onlar da limon ağacı çıktı? Tekrar tekrar portakal ağacı yetiştirme girişiminde bulundunuz (çünkü portakal suyunu seviyorsunuz.) ve başka bir şeyin ortaya çıkmasına izin vermeyi reddettiniz?

Kendi Yolunuzdan Çekilin

İşinizin, şirketinizin veya projenizin ne olması gerektiğini karar verdiyseniz onun yolundan çekilin ve daha fazla soru sorun. İşinizin alıp başını gitmesine gönüllü olmak zorundasınız. Üzerinde çalışmakta olduğunuz her bir projenin sona ermesine gönüllü olmak zorundasınız. Ancak, sizden daha başka bir şey almak ihtiyacı olan işinizi yok etmek zorunda değilsiniz! Tek seçeneğiniz bu değildir. Şirketinizin veya işinizin ölmüş olduğuna veya artık onunla uğraşmak istemediğinize karar vermek yerine sorular sorun:

Buna kim ya da ne katkıda bulunabilir?

İşime daha başka neler katabilirim?

Hayatıma daha başka neler katabilirim?

İş Planları ve Bütçeler

Değişime açık olmak hakkında konuştuğum zaman, işinizle ilgili planlar yapmamanız gerektiğini kastetmiyorum. Planları yapmakta bir sakınca yoktur. Şunu da hatırlamanızda fayda vardır ki neredeyse düşündüğünüz hiç bir şey sizin tasarladığınız şekilde meydana gelmeyecektir. Yatırım planları ya da bütçeler yaparken bunu aklınızın bir köşesinde bulundurun.

Eğer yatırımcılara göstermek için bir bütçe hazırlıyorsanız, bunu "ilginç bir bakış açısından" yapın. Bütçeye sadık kalmak zorunda mısınız? Hayır. Onun da değişmesine gönüllü olun. Bu size daha da büyük farkındalık sağlayacaktır. Aynı zamanda bu size dikkatini çekmeyi istediğiniz yatırımcılara göstereceğiniz bir şey de verecektir. Onlara parayı nerede kullanacağınız ve bunun neye benzeyeceği konularına hangi açılardan baktığınızı gösterebilirsiniz.

Bir iş planınız olduğunda olacak herşeyin bu plana uygun olarak ortaya çıkacağı cazibesi olacaktır. Eğer sizin planlarınızda limon ağaçlarının yeri yoksa, olasılıkları değerlendirmeden önce ağaçları kökünden kesebilirsiniz. İş planları yapılmasının karşıtı değilim; sadece onların taşa kazınmış olmadıklarını biliyorum. Plan değişibilir mi? Kesinlikle. Bir saniye içinde değişebilir ve siz de bunun olabilmesi için gönüllü olmak zorundasınız. Farkında olmak için bir iş planı yaratın bir sonuç olarak değil.

İşinizi aynı yerde tutamazsınız. Ona kendini oluşturması için izin vermek zorundasınızdır. Bir bahçe yetiştirmek gibidir. Bir bahçeye ektiğinizde bir seçim yaparsınız. Bir şey ekersiniz ve eğer işe yaramazsa başka bir şey ekersiniz. "Bu mükemmel bir şey olacak."diyemezsiniz, çünkü bir bahçe asla mükemmel değildir. Her zaman büyür ve değişir. Onun değişmesine izin verirsiniz ve fasilite edersiniz. Bir bahçeyi kontrol etmezsiniz.

Bu sizin elde edebileceğiniz daha büyük farkındalık ve bir şeyi anında değiştirebilmek olasılığı hakkındadır. Mali tablolar, planlar ve projeksiyonlar hakkında eğer "ilginç bakış açısı" içinde kalırsanız, sihirin ortaya çıkmasına izin verirsiniz.

Ya sihir sizin mümkün olduğuna
inandıklarınızın ötesindeyse?

11. Bölüm

Bana parayı göster
(Para peşin kırmızı meşin)

Paranın size gelebileceği birden fazla kapı olduğunu biliyor muydunuz? İş paranın meydana gelebileceği kapılardan sadece bir tanesidir. Eğer paranın nasıl gelebileceği hakkında hiç bir bakış açınız yoksa, paraya hem işiniz hem de diğer yönlerden gelebilmesi için izin verirsiniz.

Eğer para elde etmeyi lineer bir önerme ve işi de para için bir kapı olarak görüyorsanız, o zaman evet, iş para için bir kapıdır. Para için daha başka kapılar da vardır ve iş paranın yanısıra başka şeyler için de kapı görevi görür. Örneğin para değişim için de bir kapıdır. Paranın nerden geleceği hakkında bir sonuca ulaşır ulaşmaz; daha başka yerlerden de parayı alıp kabul etmeye kendinizi kapatırsınız. Hayatınızın ilişki, cinsellik, iş, para gibi her alanında herşeye katkıda bulunmaya ve herşeyin katkısını alıp kabul etmeye gönüllü olduğunuz her zaman, mümkün olanı alıp kabul etmeye gönüllülüğünüz de artar.

Bir arkadaşım yakın bir zamanda oğlunun ona "Babacığım seninle beraber Avustralya'yı dolaşmak istiyorum." dediğini söylemiş.

Baba "Peki ya Dünya turu yapsak nasıl olurdu?" diye karşılık vermiş.

Oğlu "Evet kulağa harika geliyor." demiş.

Baba "O zaman bunu yapabilmek için sadece biraz daha para kazanmam gerek."

Oğlu "Para konusunda kaygılanma, Baba. Millet her zaman yerlere düşürüyor. Ben onları toplar sana veririm!" diye cevap vermiş.

Ya siz de o çoçuğun bakış açısına sahip olsaydınız? Millet her zaman yerlere düşürüyor. Ya para da oksijen gibi olsaydı? Her gün soluk alıp veriyorsunuz. Ya parayı da aynı şekilde alıp kabul edebilseydiniz ve onun nasıl meydana gelmek zorunda olduğu hakkındaki lineer bakış açısını satın almasaydınız?

Gary Douglas ile karşılaştığım zaman 187,000$ borcum vardı. Bir sürü stoğu olan bir işim vardı fakat bunu karşılığında çok eğleniyor olduğumdan başka, gösterecek hiç bir şeyim yoktu. Gary'nin San Francisco'daki parayla ilgili bir kaç tane basit araç verdiği bir iş seminerine katıldım. Heyecanlanmıştım ve "Bu araçaları kullansam neler olurdu? diye sordum. Bize öğretmiş olduğu bir kaç aracı kullanmaya başladım ve üç buçuk hafta içinde, en azından borçlarımın yarısı yok oldu. Para hakkında bir kaç tane delice bakış açım vardı ve bu bakış açılarımı değiştirmek için Access Consciousness araçlarını kullandığımda, para birçok farklı yerden ortaya çıkmaya başladı. Bir kısmı işim aracılığı ile gelmeye başladı, bir kısmı hediye olarak baş gösterdi, bir kısmı ise rastgele yerlerden rastgele yollarla meydana geldi. Sözün özü, para aniden hayatımda meydana geliyordu.

Access Consciousness araçlarını kullanarak değiştirdiğim o delice bakış açılarımdan bir tanesi, kesin olarak taptığım babam ile ilgiliydi. Bir keresinde, "Tüm evlatlarımın mali olarak istikrarlı olduklarını bilene kadar bu gezegeni terk etmeyeceğim." demişti. Erkek kardeşim ve kız kardeşim gayet iyi durumdaydılar ve daha önce de söylediğim gibi benim ise bir sürü borcum vardı. Bir gün bir Access Consciousness aracını kullanırken, aniden idrak ettim ki; "Hastir! Babam hayatta kalabilsin diye kendimi mali bir felaket olarak yaratıyorum!" Onunla bu konu hakkında konuştum ve bundan sonra mali hayatımdaki herşey değişmeye başladı. O delice bakış açımı değiştirdim ve sonsuz olasılıklar ortaya çıkmaya başladı.

Parayı Oluşturmak: Eğlence, Eğlence, Eğlence

Herkes para oluşturmayı eğlenceli olarak görmez. Bazıları ise para oluşturamayacaklarını hissederler. İhtiyaç duydukları paranın nereden geleceği hakkında endişelenir veya sahip olduklarına sıkı sıkıya tutunurlar. Onlar için para kaybetmek başarısız oldukları anlamına gelir. Onların tavrı "Bunu kaybedemem, çünkü onu tekrar oluşturmak sonsuza kadar sürer bu nedenle yapamam, başarısız olmamalıyım." Sahip olduklarına sıkı sıkıya tutunmakla o denli meşguldürlerdir ki, daha fazlasını alıp kabul edemezler.

Bir de daima parayı nasıl elde edebileceklerini kestirmeye çalışanlar vardır. Onlar da "Onu, bunu ve şunu yapacağım. Bana ne kadar ödeyeceksin?"diye sorarlar. Parayı nasıl elde edebileceklerini kestirmeye çalışanlar, bunu asla başaramıyor gibi görünmekteyken; parayı ortaya çıkaranlar ise bunu keyfi için yapanlar gibi görünüyor.

Sadece neşeli olmak ve paranın ortaya çıkmasını izin vermek yerine, neşeyi yaratmak için parayı aradığınız heryeri, gerçek, godzilyon kere yıkıp yaratımını iptal eder misiniz? Right and wrong, good and bad, POD and POC, all nine, shorts, boys and beyonds.

Para neşeyi izler. Neşe parayı değil.

Zengin ve Başarılı Görülmeye Gönüllü Müsünüz?

Kısa zaman önce altı yaşındaki yeğenimin gözünde zengin olma deneyimi yaşadım. Bir ipod'a sahip olmayı gerçekten çok istiyordu, ben de ona bir tane aldım. Yere oturmuş onunla oynarken iç geçirerek "Simone teyzeciğim, zengin olduğun için memnunum." dedi ve ona almış olduğum herşeyi sayıp döktü. Onun bu kadar değer bilir olması beni mutlu etmişti. Ona göre, zengin olmak çok iyi bir şeydi. Ya size göre zengin olmak nasıl bir şey? Birisi sizin bir sürü paranızın olduğunu söylediğinde nasıl bir tepki veriyorsunuz? Benim tavrım "Bu harika. Bir sürü param olduğu yargısını alıp kabul ediyorum." şeklindedir. Sizi ne kadar çok insan paranız olduğu için yargılarsa, gerçekten de hayatınızda o kadar çok para ortaya çıkar.

İnsanların sizin sürdüğünüz arabaya, kıyafetinize, taktığınız veya takmadığınız mücevherinize göre sizi nasıl yargıladıklarını veya nasıl bir şeyler yansıttıklarının farkına vardınız mı? Good Vibes for You'nun ilk zamanlarında eski bir Toyota kamyonet kullanıyordum. İnsanların beni işimde şöyle böyle idare ediyor olduğum ve özellikle de çok başarılı olmadığım şeklinde yargıladıklarının farkındaydım. Hayatımı sürdürdüğümü, daha fazla başarılı olmak için motivasyonum olmadığını ki bunda gerçeklik payı da yok değildi, düşünüyorlardı. Daha sonra daha üst kalite, logomuzu taşıyan ve ilham verici yazıları olan güzel tasarlanmış sanat çalışmaları taşıyan bir kamyonet aldık. Nasıl da farklı yargılanmaya başladığımı görmek çok ilginçti. Arabayla geçerken çocuklar bana el sallarlardı ve hatta ağır ilerleyen trafikte bile insanlar önlerine geçmeme izin verirlerdi. Ne de olsa Good Vibes for You'nun kamyonetiydi.

Access yapmaya başladıktan bir süre sonra, üstü açılan bir BMW aldım. Ailemdekiler Access Consciousness'ın ne olduğuna pek dikkat etmemiş ve bu konuda bir yılbaşı günü aile toplantısına yeni arabamla gidene kadar da asla bir soru sormamışlardı. O gün neredeyse ailemdeki herkes "Eee, tam olarak nedir bu Access Consciousness? Ne yapıyorsun?" diye sordu. Üstü açılan BMW ile "başarı" yargısını yaratmıştım ve insanlar da neler yapmakta olduğumu keşfetmek istemişlerdi.

"Vay be! Zengin Olmalısınız!"

Seoul'de yaşayan Koreli bir iş kadını bana şehrin çok zengin bir semtinde yaşadıklarını ve ne zaman bir Koreli onların nerede yaşadığını soracak olsa, onlara söylemek istemediğini söylemişti. Karşısındakilerin ona "Vay be! Zengin olmalısınız!" dediklerini duymak istemediği için, şehrin başka bir bölgesinde yaşadıklarını söylüyordu. Ona bununla oynamasını tavsiye ettim. "Git ve onlara nerde yaşamakta olduğunu söyle." ve onlar da "Vay be! Zengin olmalısınız!" dedikleri zaman gülümse ve 'Evet orada yaşamayı seviyorum. O kadar çok yerimiz var ki.' diye karşılık ver ve bak bakalım ortaya ne çıkacak" dedim.

Queensland'de küçük bir şehir olan Eumundi'den gelen arkadaşım zengin olmak hakkındaki yargılarla oynayarak para kazanmak konusunda gayet iyi iş çıkarıyordu. Bana her iki ya da üç günde bir, kasasındaki paraları bankaya yatırmaya götürdüğünü söyledi. Bankada çalışan bir kadın ise onun o günün hasılatını hesaba yatırdığını varsayarak "Vay canına. Bu gün iyi iş yaptınız değil mi? gibi şeyler söylüyormuş. Benim arkadaşım da gülümseyerek "Evet" diyerek ona bir sürü para kazandıran yargıyı alıp kabul ediyormuş.

Bu bakış açısını, herkes kadar az paranız olması gerektiği bakış açısı ile kıyaslayın. Hiç aralarında şöyle bir konuşma geçen iki kişiyi duydunuz mu?: Birinci kişi: " Vay be. Ne kadar da büyük ve güzel bir ofisin var!" İkincisi ise "Sen esas burasının kirasını gör. Hele sigorta ettirme masrafı göklere çıkıyor! Ancak müşterilerle buluşmak için hoş bir mekana ihtiyacım var!" Ya bunun yerine "Evet burada çalışmayı seviyorum. Harika değil mi? Daha başka neler mümkün? diye cevaplasa nasıl olurdu?

Fakir olduklarını bağıra bağıra ilan eden birilerini tanıyor musunuz? Her zaman ne kadar da fakir olduklarından bahseden kişileri duyuyorum, onların yanındaki kişi de esas kendinin ne kadar daha zor durumda olduğundan bahsediyor. "Bir tomar param var! gayet iyi durumdayım ve hoşum! Daha yeni harika bir tatilden döndüm." diyen birilerini asla duyamazsınız. Hiç kimse bu şekilde konuşmaz. Onun yerine herkes kendini diğerlerinin yaptıkları ve oldukları şeylere göre şekillendirmeyi öğrenir. Bunu değiştirme zamanı geldi mi? Farklı olmaya gönüllü müsünüz? Bir sürü paraya sahip olmaya gönüllü müsünüz?

Bir sürü paranız olduğu yargısını alıp kabul etmeye gönüllü müsünüz? Ne kadar çok paranız olduğu ve ne kadar zengin olduğunuz yargılarını alıp kabul etmeye gönüllü olmadığınız her yeri, gerçek, godzilyon kez yıkıp yaratımını iptal eder misiniz? Right and wrong, good and bad, POD and POC, all nine, shorts, boys and beyonds.

> *Nasıl olsa insanlar sizi zaten yargılayacaklar,*
> *dolayısıyla neden zengin ve başarılı*
> *olduğunuz yargısını yaratmayasınız ki?*

Parayla İlgili Değil

Good Vibes for You'yu ilk kez başlattığımda bakış açımı "İş para yapmak ile alakalı değil. İşin neşesi ile ilgili." diyerek ifade ederdim. Bir ölçüye kadar doğruydu ve günün birinde derinlemesine düşündüğüm zaman "İş para yapmak ile ilgili değil." dediğim zaman yarattığım enerjiyi fark ettim. Para yapmak hakkında bir karara yakalandığımı idrak ettim. Bu şekilde devam edecek olursam, çok fazla para alıp kabul edemeyeceğimi gördüm.

"İş para yapmak ile ilgili değil." gibi ifadelerle kendimi gizlediğim farkındalığını edindim. Bu bir şekilde kendimi "güvende" tutma yöntemiydi. Uzun boylu gelincik olmak istemiyordum. Bunun farkına vardığımda da "Ya bu aynı zamanda para yapmak ile de ilgiliyse?" diye sordum ve "bir sürü para kazanmam ve iş yapma neşesine sahip olmam için nelere gerek var? diye sormaya başladım.

Good Vibes for You'nun ilk günlerinde, benim alıp kabul etme konusundaki eksikliğim kendisini tişörler satmaya başladığımda göstermeye başladı. Birisi "Senin tişörtlerini seviyorum." dediğinde benim işim bitiyordu. Benim hedefim buydu. O kişi bir tişört almak istediğini söylediğinde ben "Tabii ki. İndirim ister miydiniz? Bir tane fiyatına iki tane alabilirsiniz!" diye soru verirdim. Mallarımı onlara vermek istiyordum çünkü "iş para ile ilgili değildi. İşin aslı onun yaratıcı tarafıyla ilgiliydi." Alıp kabul etme yeteneğim üzerinde çalıştıktan ve farkındalığımı artırdıktan sonra "Tabii parayı şimdi alabilirim! Bir tişört değil mi? 35$ eder" diyebilecek noktaya geldim.

İşinizin ya da projenizin hedefi her ne ise ona bakın ve sorun:

+ **Ya parayı da alıp kabul etmeye gönüllü olsaydım nasıl olurdu?**
+ **Ya paranın ortaya çıkmasını isterken hedefimi de yerinde tutsaydım nasıl olurdu?**

Alıp kabul etme yeteneğinizi de aşağıdaki gibi sorular sorarak artırmaya başlayabilirsiniz:

✦ **Paranın ortaya çıkabilmesi için neye gerek var?**

Bugün parayı davet etmediğim her yeri godzilyon kez yıkıp yaratımını iptal ediyorum. Right and wrong, good and bad, POD and POC, all nine, shorts, boys and beyonds.

Hangi Talebi Gerçekleştirmeyi Arzu Ediyorsunuz?

Avustralyada harika bir muhasebecim var. Bir gün bana Good Vibes for You'dan kişisel olarak aldığım parayla ilgili nasıl bir talepte bulunmayı arzuladığımı sordu. Ona bakıp "Böyle bir talepte bulunamam çünkü ödenecek faturalarımız var." dedim.

O da bana "Good Vibes for You fatura almakta bir harika ve onun beni yalancı çıkarmasına gönüllüyüm." diyerek tekrar sordu "Good Vibes for You'dan kişisel olarak ne kadar para talep etmeyi isterdin?"

Bu konuşmadan rahatsızlık duymaya başlamıştım ve açıklamaya başladım, "Faturalarımız var. Borçlarımız var. Yatırımcılarımız var. İlk önce ödeme yapmamız gereken insanlar var."

Bana bakıp bir kez daha sordu "İşten neyi talep etmeye gönüllüsün?"

Aniden anladım. "Kahretsin! Haklısın." Ve ona şirketten her ay almak istediğim tutarı söyledim. Eğer işinizden talep ettiğiniz şeyi istemeye gönüllü olmazsanız, işinizin size sürekli olarak masraf faturası getireceğini görürsünüz. Bu sizin kendinizi işiniz için ne kadar katkı olduğunuzu ve değerli olduğunuzu görmeniz ile ilgilidir.

İşte size yapabileceğiniz bir alıştırma, aşağıdaki cümleyi söyleme pratiği yapın:

‣ *Parayı şimdi alabilir miyim lütfen?*

Bunu on kere tekrarlayın, daha fazla, daha fazla, daha fazla tekrarlayın!

‣ *Parayı şimdi alabilir miyim lütfen?*
‣ *Parayı şimdi alabilir miyim lütfen?*
‣ *Parayı şimdi alabilir miyim lütfen?*
‣ *Parayı şimdi alabilir miyim lütfen?*
‣ *Parayı şimdi alabilir miyim lütfen?*
‣ *Parayı şimdi alabilir miyim lütfen?*
‣ *Parayı şimdi alabilir miyim lütfen?*
‣ *Parayı şimdi alabilir miyim lütfen?*
‣ *Parayı şimdi alabilir miyim lütfen?*
‣ *Parayı şimdi alabilir miyim lütfen?*

Bu isteği yapmaya devam ettiğiniz sürece, bir şeylerin sizin için daha da hafifleyerek, daha çok para, iş ve keyif alıp kabul etmeye başlayıp başlamadığınızın farkına varın.

Ürün ve Hizmetleriniz İçin Ne Kadar Fiyat Biçiyorsunuz?

Hindistan'dan yarı değerli taşlar ithal ettiğim zamanlarda, adına sevgi taşı da denen ve çok popüler olan pembe quartz satıyordum. Aracıları aradan çıkartıp doğrudan kaynağa gidiyordum ve aradaki kar marjı inanılmazdı. Tanesini 15$'den alıp 130$'a satıyordum. Bunları sıklıkla güzel el işçiliği ile işleyen Rajasthan'da gümüşle işletiyordum ki bu benim fiyatları daha da artırmama izin veriyordu.

Bir noktada ilginç bir keşifte bulundum. Mücevher stoğumdan kurtulmaya karar verdim ve inanılmaz bir şekilde fiyatları aşağıya çektim. En başta o kadar az bir fiyat ödemiştim ki bunu yapmaya gücüm yetmişti. Eğer bir yüzük bana 15$'a mal olmuşsa ona 25$'lık bir etiket koydum. Böylece daha da hızlı satacağımı düşünmüştüm, ama ummadığım bir şeyi keşfettim: hiç kimse bu ürünleri satın almıyordu! İnsanlar "Ucuz bir parça!" olduğunu varsayıyorlardı. Ancak onun üzerine "Orijinal fiyatı 130$, indirim fiyatı 80$" yazan bir etiket koyarsam insanlar bunu satın alıyorlardı. Onlar bu sefer "Harika bir yüzük için iyi bir fiyat! diye düşünüyorlardı. Ürünlerime koyduğum fiyatlarla, insanların ürünlerim hakkında nasıl düşündüklerini etkiliyor olduğumu öğrendim. Düşük fiyatla, insanlar ucuz ve özürlü bir şey aldıkları sonucuna varırken yüksek fiyatla harika bir fırsat yakaladıklarını düşünüyorlardı.

Ürün ve hizmetleriniz için koymuş olduğunuz fiyat insanların ürün ve hizmetlerinizi nasıl algıladıklarını etkiler. Bu sizin için ne anlama geliyor? Ürün ve hizmetleriniz için kendinizi rahat hissettiren bir fiyat belirlemeniz ve daha sonra da ondan daha yüksek bir fiyat talep etmeye başlamanız anlamına geliyor. Müşterileriniz sizin ve ürünleriniz için daha da müteşekkir olacaklar.

Ne Kadar Parayı Alıp Kabul Etmeye Gönüllüsünüz?

Güzellik uzmanı olan bir arkadaşıma bir yüz bakımı yaptırdım. Bitirdiği zaman ona ne kadar borçlu olduğumu sordum. Başını öne eğdi, bir kaç sayfa çevirdi ve "95$" diye mırıldandı.

"Bu ne?" dedim.

"Ne ne?" dedi.

"95$ ile ilgili olan enerji ne?"

"Ha! Arkadaşlarımdan para istemekten nefret ederim." dedi.

Tekrar "Sana ne kadar borçluyum?" diye sordum.

Başı yine öne düştü ve "95$" diye mırıldandı.

"Ne kadar?" diye sordum.

En nihayetinde gözlerimin içine bakarak net bir şekilde "95$" dedi.

Ben ona 120$ verdim.

İnsanlardan para istemeye gönüllü olmak zorundasınız. Hizmetleriniz için saat başına ne kadar almaya gönüllüsünüz? 50$, 100$, 1,000$, 10,000$, 20,000$? Eğer saatlik ücret üzerinden çalışıyorsanız sorun:

♦ *"Hangi tutarla çalışmaktan rahatlık duyuyorum?"*

Eğer saat başına 80$ rahatlık veriyorsa, o zaman fiyatınız saat başına 100$'dür. Kendinizi rahat hissettiğiniz tutarı alın ve onu daha da büyütün. Onu kim ve ne olduğunuzun karşılığında bir prim olarak düşünün. Bu sizin değerinizin ne olduğu ile ilgili değildir sizin değeriniz, koyduğunuz fiyat etiketinden çok daha fazladır. Bu sadece paradır. Onunla eğlenin.

Bu konudaki tahminim bunu yapmanın size rahatsızlık vereceği yönünde, bu nedenle tekrar söyleyeceğim. Bir şey için bir fiyat koyduğunuzda, konfor alanınız içinde olup olmadığınızın farkında olun. Belirlediğiniz fiyat size rahatsızlık veriyor mu? İşlemekte olduğunuz yerin enerjisine denk düşüyor mu? Eğlenceli olması için saat ücretinizin ne kadar olması gerek? İşin neşesi ne olacak?

Çok Az Para? Çok Fazla Para?

Bir zamanlar tanıdığım bir kadın bana, şimdi çok fazla para sahibi oldukları için artık bazı insanlarla görüşmediğini söylemişti.

Şok olmuştum. "Hangi sebeple şimdi çok fazla para yapmış

olan birileri ile görüşmezsin ki?" Bu sizin işinizde ve hayatınızda alıp kabul etmeye gönüllü olduğunuz para miktarını kısıtlamaz mı? Evet!

Realitenizde veya evreninizde çok az veya çok fazla para yapan insanların yer alamayacağına karar verdiniz mi? Hangizi sizi daha çok rahatsız ediyor çok azı mı, çok fazlası mı? Bütün bunlar birer yargıdır. Kendinizin bu şekilde eğitilmenize izin vermek, evreninizin genişlemesine ve katkı kabul etmesine izin vermemektir.

Kendinizi Durdurur musunuz?

Bazen insanlar bana harika bir iş fikirlerinin olduğunu fakat hiç paraları olmadığı için işe başlayamadıklarını söylerler. Ya da söz konusu olan sermaye gerektiren bir iş ise tüm gerekli parayı başlamadan önceden bulup buluşturmak gerektiğini düşünerek o işe hiç girmemeyi seçerler. Onlar "para yok" fikrinin onları durdurmasına izin verirler. Bu sizin de yaptığınız bir şey mi? Ya paranın sizin ihtiyacınız olduğu zaman ortaya çıkacağı fikrinden işlemeye gönüllü olsaydınız nasıl olurdu?

Ya "para yok" fikrinin sizi durdurmasına izin vermeseydiniz? "Ah biz bunu yapamayız çünkü paramız yok." demek yerine "Arzu ettiklerimizi ve gerek duyduklarımızı yaratmak için neler gerekirdi?" diye sormak nasıl olurdu?

İstakozu Gerçekten İstiyor musunuz?

Eğer hayatınızda gerçekten arzu ettiğiniz bir şey varsa o zaman onun keyfine varın. Eğer birisiyle bir ilişki içinde olmak istediğinizi düşünüyorsanız, o zaman o kişi ile bir ilişkiniz olsun. Eğer istakoz yemek istiyorsanız, o zaman istakoz yeyin. Pahalı bir restoranda menüye baktığınız anda "

İstakoz istiyorum ancak, buna gücüm yetmez, öyleyse tavuk salatası alayım" diye düşündüğünüz anda alıp kabul etmeye hayır demiş olduğunuzun farkında olun. Hayatınıza parayı davet etmemeye karar verdiniz. Hayatınıza parayı davet etmemezlik ediyor musunuz? Eğer öyleyse, işte size her günün sonunda yapabileceğiniz bir proses:

Bu gün hayatıma parayı davet etmediğim her yeri yıkıp yaratımını iptal ediyorum. Right and wrong, good and bad, POD and POC, all nine, shorts, boys and beyonds.

Sonsuz Bir Varlık Olarak Sizin, Paraya İhtiyacınız var mı?

Arasıra insanlar, "Para yapmak benim için o kadar da önemli değil." gibi sözler söylerler. Ben de cevap olarak, "Doğru. Aslında, eğer para sizin için önemli olacak olsaydı, kovalar dolusu paranız olurdu." diyorum. Daha sonra da "Paraya kendiniz için mi yoksa bedeniniz için mi ihtiyacınız var?" diye soruyorum. Sizin bir varlık olarak paraya ihtiyacınız yok. Ancak, giydiğiniz kıyafetler, üzerinde yattığınız yatak ve seyahat ederken uçakta oturduğunuz birinci sınıf koltuk için, yani bedeniniz için paraya gereksinim duyarsınız. Bedeninizin hoşuna gidecek şeyleri göz ardı ediyor muydunuz? Bedeninize karşı nazik olmanızın zamanı geldi mi? Ya işlerinizin hesaplarında bedeninizi de dikkate almış olsaydınız nasıl olurdu?

Bedeniniz ne kadar çok para yaratmayı ve oluşturmayı isterdi?

Bu son iki soruyu okuduğunuzda bedeninizde hiç bir heyecan kıpırtısı hissettiniz mi? Şu prosesi denemeyi arzu edebilirsiniz:

Kendi paramıza sahip olabilmemize izin vermek için ben ve bedenim hangi enerji, alan ve bilinç olabiliriz? Bunun ortaya çıkmasına izin vermeyen herşeyi gadzilyon kere yıkıp yaratımını iptal ediyorum. *Right and wrong, good and bad, POD and POC, all nine, shorts, boys and beyonds.*

En ilginç değişimi bu prosesi ilk kez yaptığımda farkettim. Ben dünyadaki en düzenli insan değilim. Seyahat ettiğim zaman, bir otel odasına giriş yaparım ve bavulum havaya uçar ve içindeki herşey heryere saçılır. Bu prosesi yaptıktan hemen sonra İtalya'da bir Access Consciousness semineri yapıyorduk ve bu tamamen değişti. Eşyalarımı heryere saçmak yerine hepsini yerli yerine koydum. Herşey tertipli hale geldi. Banyo düzenliydi. Kıyafetlerim dolaptaydı. Evraklarım masanın üzerinde. Çevremi estetik olarak zevk veren hale getirmiştim. Daha önce bunu yapmaya pek gönüllü değilmişim. Bu bedenimin ve benim kendi paramıza sahip olmayı istememizden sonra geldi. Daha öncesinde bedenim bu hesaplamaların bir parçası değildi. Ama şimdi artık bir parçası.

Kendinizi tüm evrenin üzerini kaplayacak kadar genişletin. Daha önce gitmeyi arzu etmemiş olduğunuz yerlere kadar genişletin, mümkün olan tüm para ve iş olasılıklarına erişebilmek için. Zaman, boyutlar, realite ve maddenin ötesinde genişlemeye devam edin. Hayal gücünüzün ötesine kadar genişleyin, çünkü hayal gücünüz de sınırlıdır. Sadece şimdiye kadar yapmış olduklarınızı bilir. Mantıksal aklınızın ötesinde genişleyin, bütün bunlara erişin, mevcut olan tüm paralara erişmek için, önce gitmeyi arzu etmemiş olduğunuz tüm yerlere genişleyin. Sizin bunlara erişmenize izin vermeyen herşeyi godzilyon kere yıkıp yaratımını iptal eder misiniz? Right and wrong, good and bad, POD and POC, all nine, shorts, boys and beyonds.

12. Bölüm

Hayatınıza parayı davet etmek

Hayatınızda paranın bir yerinin olmasını ister miydiniz? İşte size HAYATINIZA VE İŞİNİZE parayı davet etmekte kullanabileceğiniz bir kaç tane araç.

+ **Daha Başka Neler Mümkün?**
+ **Bundan Daha İyi Nasıl Olur?**

Bu soruların nasıl kullanılabileceğinden daha önce bahsetmiştim; ancak onlar o kadar önemli ve paraya sahip olmaya ve alıp kabul etmeye o kadar uygulanabilirler ki onlara burada da yer vermeyi istedim.

Para aldığınız her seferde şunu sorun:

+ **Daha Başka Neler Mümkün?**
+ **Bundan Daha İyi Nasıl Olur?**

Bir fatura ödediğinizde şunu sorun:

+ **Daha Başka Neler Mümkün?**
+ **Bundan Daha İyi Nasıl Olur?**

Elektrik faturasını ödediğinizde bunun için minnettar olun. Işığınız var, bilgisayarınızı fişe takıp çalıştırabiliyorsunuz ve telefonla konuşabiliyorsunuz. Sahip olduklarınız için minnettar olun; çünkü eğer olmazsanız, daha fazlasını alıp kabul etmeniz mümkün olmaz. Örneğin, diyelim ki henüz 20$ kazandınız. "Bu hiç bir şey değil 120$ kazanmış olmalıydım." Kazanamamış olduğunuz şeye bakmayın. Kazanmış olduğunuz şeye bakın, onun için minnettar olun ve soruları sorun. Yapılacak olan "Amaan, bu yetmez ki!" değil, onun yerine "Vay be nasılda bu 20$'ı kazanacak kadar şanslı oldum?" diye sormaktır.

+ **Bu Paranın Bana 10 kat Daha Fazlasıyla Geri Dönmesi İçin Neler Gerekir?**

Bir fatura ödediğiniz zaman şu soruyu da sormalısınız:

+ **Bu Paranın Bana 10 kat Daha Fazlasıyla Geri Dönmesi İçin Neler Gerekir?**

Paraya Sahip Olmamanın Nesini Seviyorum?

Hiç parası olmamaktan yakınan insanlarla sıklıkla bir araya gelirim. Onların yaptığı gibi yapmayı, asla yeterince yokmuş gibi yapmayı deneyin. Aslına bakacak olursanız onların yaşamlarını; sahip olmak istedikleri yaşamın enerjisine uyan ve onlara keyif veren şeyler yerine 'para yok' fikrine dayanarak yarattıklarını göreceksiniz. Bu sizin de yapmış olduğunuz bir şey mi? Hayatınızı ve nasıl yaşadığınızı yaratmak için 'para yok' fikrini mi kullandınız? Eğer hiç paranız yoksa, bunun nedeni, sizin paraya sahip olmamanın, sahip olmaktan daha değerli olduğuna karar vermiş olmanız olabilir mi? Sorun:

+ **Paraya sahip olmamanın nesini seviyorum?**

Başlangıçta bu soru size rahatsızlık verebilir ve o zaman da 'Nasıl olur da bu sorunun bir değeri olabilir?' diye sorun, ya da gına gelebilir ve 'Hiç bir fikrim yok!' da diyebilirsiniz.

Her ne olursa olsun işinize yaramayan bir şeyi yaratmaya devam ederseniz, bunu muhtemelen onda sevdiğiniz bir şey olduğu için yapıyorsunuzdur. Eğer onun sizin için ne değer taşıdığının farkındalığını elde etmek arzusundaysanız, herşeyi değiştirebilirsiniz. Hiç paraya sahip olmamanın acayip ve arzu edilmeyecek bir şekilde işe yaradığını keşfetmek sizi şaşırtabilir. Kendi mali durumunuz hakkında tamamen farklı bir perspektif kazanabilirsiniz.

İşte Başarısız Olmanın Değeri Nedir?

Daha önce de bahsettiğim gibi sizi kilitleyen şey delice bakış açısıdır. Eğer işiniz 'başarılı' olamıyorsa, enerjiyi değiştirmek için bir soru sorabilirsiniz. Şu soruyu sormayı deneyin:

+ İşte başarısız olmanın değeri nedir?

Eğer farkındalığı alıp kabul etmeye gönüllüyseniz, herşeyi değiştirebilirsiniz.

Eğer Para Mesele Olmasaydı, Neyi Seçerdiniz?

Paranın ve parasızlığın hayatınızı kontrol etmesine izin vermeyin. Ya realitenizi, onun olmasını istediğiniz realitenin enerjisine denk gelecek şekilde yaratıyor olsaydınız nasıl olurdu?

Access Consciousness, seminerlerine katılmaya ilk başladığımda, Costa Rica' da yapılmakta olan 7 günlük seminerlerin bahsini duymaya başladım. Bunlardan birine katılmayı gerçekten çok istedim, ancak Costa Rica, Avustralya'ya göre dünyanın tam diğer ucunda bir yer sayılır. Costa Rica'nın egzotik bir yer olduğu ve biz Avustralyalılar için gidilmesinin kolay bir yer olmadığına karar verdim. Asla gidemeyeceğimden, oldukça çaresiz hissettim. Çok fazla paraya mal olacağa benziyordu. Bunu yapmak öylesine farklı bir seçimdi ki. (Sormakta olduğum çok sayıdaki sorulara dikkat edin. Hiç!)

Günün birinde, bir arkadaşımın son Costa Rica semineride çektirmiş olduğu resimlere bakıyordum. Benim biraz üzülmüş olduğumu fark etti. "Ne bu böyle?" diye sordu.

"Bu fotoğraflara baktıkça, özellikle de şu harika görünene, asla oraya gidemeyeceğimi düşünüyorum. Gitmeye asla gücüm yetmeyecek."

Arkadaşım da "Hangi fotoğraf sana o kadar harika görünüyor?" diye sordu.

Ben de "İşte şu." dedim.

Bana gülerek Sydney, Australyadaki Darling Limanında çekilmiş ve Costa Rica' dakilerin arasına yanlışlıkla karışmış olan bir fotoğrafa baktığımı söyledi.

"Aaa! Brisbane'den Sydney'e gitmek kolay. Ben oraya gidebilirim." dedim.

Bunu söylerken de parasızlık hakkındaki karar ve düşüncelerimin hayatımı kontrol etmelerine izin vermekte olduğumun farkına vardım. Buna benzer kararlar alma deliliği, bana aşikar oldu. "Ya sadece seçim yapıyor ve talep ediyor olsaydım ve para ortaya çıksaydı nasıl olurdu?" İşte bu da işlerin tam olarak nasıl yürüdüğünü gösterir. Yaratmak ve oluşturmak istediğiniz şeyin enerjisini izlerseniz ve herşeyi alıp kabul etmeye gönüllü olursanız para ortaya çıkacaktır. Sorun:

+ *Eğer para mesele olmasaydı, neyi seçerdim?*

%10 SİZİN İçindir

İnsanların sıklıkla hakkında şikayet ettikleri ve benim için pek çok şeyi değiştirmiş olan, Access'in para konusundaki aracı, gelirimin %10'unu bir kenara koymak olandır. Bu %10'u zor günler için bir kenara koymak, büyük bir fatura gelinceye veya harcamak için daha iyi bir neden ortaya çıkana kadar ayırmak anlamına gelmez. Gelirinizin %10'unu bir kenara koymak - ve asla harcamamak - sizin kendinizi onurlandırmanız anlamına gelir. Bunu herhangi bir faturayı, kredilerinizi ödemeden veya alış verişe çıkmadan önce yaparsınız.

Bu parayı kenara koyduğunuzda, evrene sizin değerinizin olduğunu söylersiniz. Evren bir ziyafet sofrasıdır ve size armağan sunmak arzusundadır. Paranız olduğunu, paradan hoşlandığınızı ve daha da fazlasına sahip olmak arzusunda olduğunuzu işaret edersiniz. Bunu yaptığınızda evren sizin ne istediğinizi anlar. Size daha çok para armağanı verir. Eğer bu parayı harcamaya başlarsanız, ancak bu kez de, evrene yeterince paranız olmadığı için kendinizi onurlandırmak için bir kenara ayırdığınız parayı harcamaya başladığınızı söylersiniz. Az miktarda olduğunu, daha fazla alamayacağınızı gösterirsiniz. Ve evrenin size vereceği de budur - az.

Gary ve Dain'in bu aracı açıkladıklarını duyduğumda, aklımdan "Hah gene o %10 aracı. Dır dır dır. Cüzdanınıza o fazladan koyacağınız para sizin kendinizi zengin bir kişi gibi hissetmenizi sağlar... yaa dır, dır, dır." diye geçirirdim. Dolayısıyla da kazandıklarımın %10'unu bir kenara koymadım.

Ve günün birinde kendi kendime, "Eğer bunu yapacak olursam, başıma gelebilecek en kötü şey ne olabilir ki? Kenara ayırmış olduğumu harcamak zorunda kalabilirim. O zaman bunu ben de bir kereliğine deneyebilirim." diye sordum.

Böylece, onu denedim ve şimdi ise yapmaya bayılıyorum! Kimileri %10 larını nakit olarak tutarlar. Ben benimkini ayrı bir banka hesabında tutmaktan hoşlanıyorum. Bu hesaba para aktarıp büyümesini seyretmeyi seviyorum. Kendim için altın, gümüş ve hisse senetleri de aldım sırf onlara sahip olmak eğlenceli olduğu için.

%10 hesabınızdaki para belirli bir tutara ulaştığında, para ile bağlantı kurma yönteminizde ve sizin para hakkındaki kaygılarınızda bir değişiklik olduğunu fark edeceksiniz. Bu tutar kişiden kişiye değişir. Bu sizin üç aylık geçim masraflarınızın toplamı kadar olabilir. Diyelim ki bu tutar aylık 4,000$. %10 Hesabınızda 12,000$ tutarına ulaştığınızda, evreninizde bir kolaylık hissini algılamaya başlarsınız. Oralarda bir yerlerde herşeyin yolunda olacağını hissedersiniz. Para ile barışırsınız. %10 Hesabınızın yapması tasarlanan şeylerin bir kısmı budur. Sizi gerçekten paranız olduğunu bildiğiniz yere götürür.

Para ile barış içinde olmayı arzu eder miydiniz? Gelirinizin %10'unu kendinizi onurlandırmanın ve evrene paranız olduğunu, paradan hoşlandığınızı ve daha da fazlasına sahip olmak istediğinizi işaret etmenin bir yöntemi olarak bir kenara ayırın. %10'unuzu sakın harcamayın. Onun yerine büyümesini seyredin ve ne kadar çok paranız olduğunun keyfini çıkarın!

Ve %10 da İŞİNİZ İçin

Aynı şekilde işinizden elde edilen gelirin %10'nunu da bir kenara koymalısınız. Bu sizin için değil, işiniz içindir. Biz Good Vibes'a giren tüm gelirin %10'unu bir kenara koyarız. Bu Good Vibes içindir. Böyle yaparak, işi onurlandırıyoruz.

Bunun sizin işinize neden yaramayacağını haklı gösterecek bir milyon gerekçe ile karşıma çıkabilirsiniz. Ben ise size bunun işe yaradığını söylemek için buradayım. Sizin işinizin de yapacak bir işi var. İşinizi onurlandırın ve ona onun bir değerinin olduğunu, elde ettiği gelirin her ne kadar olursa olsun, %10'unu bir kenara ayırarak gösterin. Bunu herhangi bir faturayı ödemeden önce yapın. Bunu yaptığınız zaman, siz ve işiniz "bu faturayı nasıl ödeyeceğiz? diye sormak yerine daha da genişletici seçimler yapmaya başlayacaksınız. Bu sizin işinizin ve para akımınızın dinamiklerini değiştirir. Deneyin ve sizin için neler ortaya çıkardığını görün.

13. Bölüm

Mali ayrıntılarla uğraşmak

Bazı Temel Bilgiler

Yıllar önce, kendisi muhasebeci olan babam, benimle muhsebecilik ve işim için kayıt tutmam konusunda konuşuyordu. Ben ise "Bunun hakkında bir şey bilmek istemiyorum! Bu can sıkıcı. Benim ise yapacak daha başka işlerim var!" diye söylenerek tepiniyordum.

Başarılı bir iş yürütmek için gerekli olan şeyleri gösteren geniş bir dairesel grafik çizdi. Muhasebe kısmı oldukça geniş bir yer tutuyordu. "Bu muhasebe şeylerinin hiç birini yapmak istemiyorum. İşte bu grafiği ben böyle çizerdim!" diyerek en büyük payı oluşturucu yaratıcı şeylere verirken muhasebeye azıcık yer veren bir grafik çizdim.

O da benim grafiğime bakarak "Evet. Ama eğer muhasebeden anlamayacak olursan işin var olmayacaktır." dedi.

Onun haklı olduğunu idrak ettim. Eğer kar zarar tablosunu anlayamıyorsanız veya bankanızda ne kadar paranız olduğunu bilmiyorsanız, işiniz için farkındalıkla işleyemezsiniz. İşlerin mali boyutunun nasıl işlediği hakkında bazı temel, pratik bilgilere sahip olmanız gerekir. Siz de (benim eskiden olduğum gibi) en temel mali bilgiler ile uğraşmak istemeyen birisi misiniz? Onun sıkıcı olduğunu mu düşünüyorsunuz? Onun öğrenmesini zor bir şey olduğu varsayımında mı bulundunuz? Rahatınızı bozamayacağınıza mı karar verdiniz?

Daha başka bir bakış açısını dikkate almaya gönüllü müsünüz? Aslına bakarsanız işin temel bilgileri eğlenceli ve yaratıcı olabilir, özellikle eğer soruları kullanacak olursanız ve gereksinim duyduğunuz bilgileri elde ettiğinizde. İşte size işinizi genişletmeyi, yatırım yapmayı veya yeni fikirleri uygulamayı düşünürken; bunların temel mali yönleri ile uğraşırken kullanabileceğiniz bir kaç tane soru ve araç.

İşin Mali Yönünün Farkındalığı ile İşlemek

İş konusunda, her alanda iyi olmak zorunda değilsiniz. Herşeyi kendi başınıza yapmak zorunda değilsiniz; ancak hangi satış gelirlerinin girmekte olduğu; hangi giderlerin çıkacak olduğunu bilmek zorundasınız. Ürünlerinizin her birinin ne kadar kar bıraktığını ve tüm giderlerinizi karşılamak için her gün, her hafta, her ay kaçtane ürün satmak zorunda olduğunuzu bilmek zorundasınız. Buna "başabaş" noktası denir. Bütün bunların hepsine sizin kendi başınıza akıl erdirmeniz gerekmez ancak, sadece bunların farkında olmak zorundasınız. Eğer bunları bilmezseniz, işinizin yıkımına neden olursunuz.

İşinizin Aylık Giderleri Nelerdir?

İşte size her ay işinizi yürütebilmek için nelerin gerekli olduğu hakkında farkındalık elde etmek için yapabileceğiniz basit bir alıştırma:

1. **Oturun ve işinizi yürütmek için son altı ayda (veya geçen yıl içinde) hangi iş giderleriniz olduğunun tam bir listesini yapın. Bu liste kira, kırtasiye, internet, telefon, elektrik, arabayı kapsar - işinizle**

ilgili olarak ödeme yaptığınız tüm giderleri. Veya muhasebecinizden bir kar-zarar tablosu isteyebilirsiniz.

2. Ortaya çıkan toplam rakamı altıya (yada 12'ye) bölün. Bu size yaklaşık aylık giderlerinizin ne kadar olduğu hakkında bir fikir verecektir.

3. Giderlerinizi belirledikten sonra, bu rakamın %10'unu (işinize ayıracağınız %10'u) ekleyin

4. %10 sadece kendiniz için ekleyin

5. %20 de çeşitli şeyler için koyun.

6. Bu size bir ayda nekadar para kazanmanız gerektiğinizi söyleyecektir.

7. Daha sonra bu rakam her ne kadarsa onu talep edin. Eğer işinizi yürütmenin size maliyetinin ne kadar olduğunun farkında değilseniz, işinizi öldürmeye başlarsınız.

Başlangıçta "Bu finans işleri de amma da karışık!" diyebilirsiniz. Bu sadece sizin konuşmasını öğrenmeniz gereken yeni bir dildir. Ya siz paranın dilini konuşmayı öğrenmeye gönüllü olsaydınız nasıl olurdu?

Size Hiç Giderlerinizi Azaltmanız Tavsiye Edildi mi?

Bağlamsal realiteden işleyen muhasebecilerin ilk yapacağı şeylerden bir tanesi size iş giderlerinizi azaltmanız tavsiyesinde bulunmak olabilir. İşinizin mali yönündeki farkındalığınızı artırmak yönünde giderlerinize bakmanın harika bir şey olduğu düşüncesiyle hem fikirim. Aklınızdan geçen fuara katılmanın gerçekten gerekli olup olmadığını sormak iyi bir başlangıç olabilir. Ancak giderleri azaltmaya girişmek bana her zaman ağır gelmiştir. Genişletici ve oluşturucu değildir. "İşimizin giderlerini nasıl azaltırız?" sorusu iş giderlerinizi azaltmanız gerektiği kararına dayalı kısıtlı bir sorudur. Daha sonsuz ve açık bir soru sormak muhtemelen daha faydalı olacaktır. Aşağıdaki türde sorular sorarak neyi ekleyebileceğinize, neyi artırabileceğinize, neleri genişletebileceğinize bakın:

+ **İşin içine para akışını nasıl artırabilirim?**
+ **(Bunun işinizden bir şeyler alıp götürmeye odaklanmaktan ne kadar farklı olduğunu görüyor musunuz?)**
+ **Burada değiştirebileceğim bir şey var mı ?**
+ **Gelirimi artırabilmem için ne gerekir ?**
+ **İşime daha başka neyi ekleyebilirim ?**
+ **Sunmakta olduğum hizmetlere neyi ekleyebilirim ?**
+ **İşimle kaç tane gelir akımı yaratabilirim ?**
+ **Bugün işime hangi sihiri davet edebilirim ?**

Evrenden Yardım İsteyin

Sizi evrenden yardım istemeniz için teşvik etmek istiyorum. Daha önce vermiş olduğum enerji, alan ve bilinç prosesini kullanın:

Evrenin sonsuzluk boyunca bizim için çalışması için ben ve işim hangi enerji, alan ve bilinç olabiliriz? Bunun ortaya çıkmasına engel olan herşeyi yıkıp yaratımımı godzilyon kere iptal ediyorum. Right and wrong, good and bad, POD and POC, all nine, shorts, boys and beyonds.

Pazarlama Giderleriniz İçin Gerçekten Çok Fazla mı Harcadınız?

Eğer muhasebeciniz size giderlerinizi azaltmanız önerisinde

bulunuyorsa, size " Reklam ve pazarlama konularında çok fazla para harcadınız. Bu toplamlar gelen satışları karşılamıyor." gibi şeyler de söyleyebilirler. Bu yaklaşımla uyumlu hale gelerek anlaşmadan önce duruma bir göz atın.

Diyelim ki bu ay pazarlama için 15.000$ harcadınız. Bu harcama ne içindi? Bu önümüzdeki altı ya da 12 ay içinde geleceğe yönelik fırsatlar yaratacak bir şey için miydi? Ya da şu an için mi? Diyelimki bir fuara katıldınız ve size maliyeti 6.000$ oldu. Sizin o esnadaki satışlarınız da 4.500$. Bu duruma bakarak"Bu 1.500$ lık bir zarar." diyebilirsiniz. Ama bu gerçekten de bir zarar mıdır? Onun yanlışlığına gitmeyin. Evren size kapılar açıyor. Siz "Ben yanlış yaptım." veya " Sadece para kaybettim." fikrine gider gitmez, gelecek fırsatlarına ve katkılarına açılan kapıları kapatırsınız.

Benim için, mesele hesap çizelgesinin şu veya bu kolonuna göre başarımızı ayarlamak değil. Fuardaki birisi sizin broşürünüzü almış ve "Ooo, ben bunları arayacağım!" demiş olabilir. Ve altı ay boyunca sizi aramayabilir. Ama bir yıl içinde arayabilir. Neyin karşınıza çıkabileceğini asla bilemezsiniz. Sorun:

- **Bu giderler şu an için mi, gelecek için mi, yoksa her ikisi için mi?**
- **Bu fuara katılmak gelecekte fırsatlar yaratacak mı?**
- **Bu gider işe para kazandıracak mı?**
- **Bu bana hafif geliyor mu? (Hatırlayın, gerçek size her zaman hafif gelirken, yalan daima ağır gelecektir.)**

Hangi Soruları Sorabilirsiniz?

Bütün mesele sorular ve neyi yaratıp oluşturduğunuzun farkındalığındadır.

Öyleyse sizin hayatınız, yaşantınız ve işiniz için olasılıklarınızı artırabilmek için bugün hangi soruları sorabilirsiniz?

Gelecek olasılıkları öldürdüğünüz ve onlara açılan kapıları kapattığınız heryeri yıkıp, yaratımını iptal etmeyi ister miydiniz? Bununla ilgili var olan herşeyin yaratımını godzilyon kere yıkıp iptal etmeyi ister miydiniz? Right and wrong, goodand bad, POD and POC, all nine, shorts, boys and beyonds.

Bir Yatırım Yapmayı mı Düşünüyorsunuz?

İşinizde bir yatırım yapmaya nasıl yaklaşmak isteyeceğiniz konusunda belirsizlik mi yaşıyorsunuz? Her ne zaman, bir şeyi satın almayı ya da işinizi genişletmeyi düşünürseniz, sorulacak kilit soru şudur:

+ **Eğer biz bunu satın alacak olursak bu bize şimdi ve gelecekte para kazandıracak mı?**

Bu soruyu sorduğunuz zaman, sadece "şimdi" veya "gelecekte" cevabını alabilirsiniz ya da "Evet bu bize hem şimdi hem de gelecekte para kazandıracak." karşılığını alabilirsiniz. Aldığınız her ne olursa olsun, işinizin neye gereksinim duyduğu hakkında daha büyük bir farkındalık elde edeceksiniz. Eğer, sistemler, prosedürler veya her ne kuruyor olursanız olun, bu hem şimdi hem de gelecek içindir ki gelecek, işinizi ve para akımınızı bunun meydana gelmesi için genişleteceğiniz için, çok çok daha kolaydır.

Olasılıklar Defteri

Eğer siz de benim gibi sürekli olarak yeni iş fikirleriyle ortaya çıkarsanız, bazen de hangi fikri veya ne zaman takip edeceğinizi bilemeyebilirsiniz. Onu şimdi mi yapmalısınız yoksa beklemek daha mı iyi olur? Gary Douglas, her zaman küçük bir not defteri almanızı ve bu fikirler aklınıza geldiğinde hepsini yazmanızı tavsiye eder. Gary bu defteri Olasılıklar Defteri diye adlandırır. Daha sonra da her bir fikir için şu soruyu sorun:

+ **Gerçek, bu şimdi için mi veya gelecek için mi?**

Farkındalığınızın enerjisini izleyerek, fikrinizi izlemenin doğru zamanının şimdi mi yoksa biraz daha beklemeniz mi gerektiğini bileceksiniz.

Belki de fikir iyi bir fikir olabilir ancak onu uygulamaya koymanın zamanı şimdi değildir. Bu fikir hakkında bir netliğe kavuştuğunuzda, bu konuda soru sormaya devam edebilir ve doğru zamana kadar bekleyebilirsiniz. Bu aynı zamanda birisinin işinizi genişletecek bir fikirle karşınıza çıktığı zamanlarda, ya da işinize yeni bir hizmet veya ürün katmayı düşündüğünüzde de kullanılabilecek harika bir sorudur. "Şimdi mi veya gelecekte mi?" sorusu insanlar, yeni bir fikrin faydasını derhal göremezlerse onları genelde öldürdükleri için faydalı bir sorudur. Bana gelecek olasılıklarınızı öldürmeyeceğinize söz vermenizi istiyorum!

Fikirlerinizi hayata geçirmek için doğru zamanı belirleye-bilmeniz için bir kaç soru daha:

+ **Bana seni ne zaman kullanmam gerektiğini göster.**
+ **Bana seni ne zaman satmam gerektiğini göster.**
+ **Bana seni ne zaman sunmam gerektiğini göster.**

Yaklaşık üç yıl kadar önce, Access Consciousness içindeki bir kaç kişiyle, çocuklar için Access kampı yaratma fikrini konuşmak için bir araya geldik. Çocuklar için kamp yaratma konusunda deneyimli, çok yetenekli birisiyle birlikte çalıştık ve konuyu derinlemesine ele aldık. Bu konunun yasal yönlerini öğrendik, harika bir web sitemiz vardı, harika broşürlerimiz vardı, kampta öğretmenlik görevini üstlenecek kişiler sıraya girmişlerdi. Müthiş bir şeydi, ancak kampa gidecek hiç bir çocuk yoktu. Eksik olan şey çocuklardı. Bir kaç kişi "Aman, bu işe yaramadı işte." demeye başladı. Asıl mesele bu değildi. Asıl soru, "Kampların zamanı ne zaman?"dı. Sadece şimdi, üç yıl sonra, bu projenin meyva vermesi olasılığı var. Ortaya koyduğumuz materyalleri şimdi kullanabiliriz, çünkü şimdi bunun zamanı. Bir projeyi öldürmeyin. Basitçe onu hayata geçirmenin zamanı henüz gelmemiş olabilir. Fikirlerinizi takip etmek için, doğru zamanın ne zaman olduğunu bulmak için soruları kullanın.

Mesele herhangi birşeyden sakınmak değildir.

Farkındalıkla, herhangi bir şeyi ve herşeyi değiştirebilirsiniz.

14. Bölüm

Bağlayıcılar, taşıyıcılar, yaratıcılar ve kurucular

Kendinize sizinle birlikte işinizde çalışmak için iş ortakları, müteahhit, çalışan veya başkalarını seçerken dört tip insan olduğunu anlamak çok faydalıdır: bağlayıcılar, taşıyıcılar, yaratıcılar ve kurucular. Sizin hangi tip olduğunuzu bulduktan sonra, işinizde neler yapabileceğinizi ve size diğer alanlarda yardımcı olabilecek doğru insanları bulabilmek daha da kolay olacaktır.

Bağlayıcılar, herkes ile konuşmaya bayılan kişilerdir. Onların özelliği bağlantı kurmaktır. Onların hüner ve yeteneği, kim ile neyi ne zaman konuşmaları ve ne söylemeleri gerektiğini bilmektir. Telefon fihristlerinde elli milyon kişinin telefon numarası vardır ve siz ne zaman bir şeye ihtiyaç duyacak olursanız onlar size "Aranması gereken kişiyi biliyorum!"diye karşılık verirler. Herhangi bir iş alanında birisinin adını söylesem, bir bağlayıcı "Evet, o benim yakın arkadaşım!" diyecektir.

Bir bağlayıcının kuvvet noktası insanlarla konuşmaktır. Bağlayıcından yapmasını bekleyeceğiniz şey budur-bağlantı kurmak. Onlar harika satış insanlarıdırlar ve telefonda harikalardır. Bağlayıcılar, herkes ile herşey hakkında konuşabilirler ve sizin işinizin başarısı için hayati önem taşırlar.

Bazen bağlayıcılar size gelecek sizin hizmetiniz veya ürünleriniz için size para ödeyeceklerdir ve daha sonra da herkese sizin ne kadar muhteşem olduğunuzu anlatacaklardır. Hatta onları işe almanıza bile gerek yoktur. Onlar herkesin sizi bilmesini isterler. Sonuç olarak da birçok bağlayıcı, aralarında bağlantı kurdukları şeylerden para kazanmazlar. Onlar sadece insanları birbirlerine bağlarlar, çünkü onların yaptıkları şey budur! Diyelim ki siz bir kuaförsünüz ve müşterilerinizden bir tanesi gittiği her yerde sürekli olarak sizden övgü dolu bir şekilde bahsediyor, süpermarkette, aile toplantısında veya bir partide. İnsanlara "Bu küaföre mutlaka gitmelisiniz. İnanılmaz bir kuaför." Bu insan bir bağlayıcıdır. Size onun saçlarını kesmeniz için para öderken, sizin için bağlantılar kuruyor. Bağlayıcılar, bu gibi şeyleri sadece bunu yapmaktan keyif aldıkları için yaparlar.

Taşıyıcılar ise bir işin nasıl yürütüleceğini bilenlerdir. Enerjik, tutkulu ve hepsinden daha çok fütüristlerdir. Onların özelliği, işinizi yarın genişletmek için bugün neyin yerine getirilmesi gerektiğini bilmeleridir. Bir taşıyıcı, olasılıklara bakar ve "Bundan sonra ne gerekecek ?" diye sorar. Eğer büyük bir toplantı, seminer veya parti planlıyorsanız, bir taşıyıcı, bunun yerini ayarlar, ilanlarını bastırır ve herkes için yeterli sayıda sandalye olduğundan emin olur. Onların hüner ve yeteneği, neyin gerekeceğini görmek ve onların orada bulunmasını sağlamaktır. Onlar olan bitenin on, yirmi veya elli adım ilerisindedirler.

Taşıyıcılar, sizin işiniz ve projeleriniz için bir akış ve kolaylık hissi yaratırlar. Diyelim ki bir fuar yapıyorsunuz. Bir taşıyıcı, zamanı gelmeden önce kurulum ve çalışmak için tam olarak ne yapılması gerektiğini bilecektir. Bu kilit noktadır. Onlar zamanın çok ilerisindedirler. Onlar fuara gelip, "Aman be! Ürünleri getirmeyi unuttum!" demeyeceklerdir. Bir veya iki ay önceden ve hatta bir hafta sonradan neyin gerekeceğini bileceklerdir. Sanki insanların akıllarını okuyabilme yetenekleri varmış gibidir. İyi taşıyıcılar gelecek için neyin geretiğinin sorusu içindedirler ve daha sonra da giriş yapıp "Bugün nasıl gidiyor?" diye sorarlar.

Yaratıcılar ise daima neyin mümkün olduğunu araştırırlar. Hayalci ve vizyonerlerdir. Ortaya yeni fikirlerle çıkanlar onlardır. Daima hayatta oluşturacakları şeylerin enerjisinin arayışındadırlar. Yaratıcılar, "Neler mümkün? Ne gibi seçeneklerim var? Nasıl katkıda bulunabilirim?" gibi sorulardan yaşarlar. Onların hüner ve yeteneği hayatta ve iş dünyasında neyin mümkün olduğunu görmektir. Bir yaratıcı daima milyonlarca yeni fikirle ortaya çıkan insanlardan biridir. Tüm fikirlerinizi Olasılıklar Kitabına yazmak işte bu nedenle o kadar etkindir.

Kısa bir zaman önce, "Bazen aklıma bir iş fikri geliyor. Başlangıcını ve gelecekte neye benzeyebileceğini görebiliyorum. Ancak arada onun nasıl meydana çıktığı ile ilgili orta bir bölüm var. Onu göremiyorum. Fikrimin ve onun gelecekte neye benzeyebileceği hakkında bir vizyonumun olmasını seviyorum, ancak bu fikri nasıl hayata geçirebileceğim hakkında en ufak bir ip ucum dahi yok...", diyen birisi ile konuşuyordum.

Bu bir Taşıyıcı'ya ihtiyacı olan bir Yaratıcı'nın harika bir örneğidir. Ben de "Bir işi kurup ortaya çıkartmak için gereken tüm şeyleri yapmayı seven bir sürü insan var! Bu aradaki tüm işleri yapacak birisini işine dahil etsen nasıl olurdu?" diye sordum. O zamandan bu yana, ona aklındaki fikirleri uygulamaya koymasında yardımcı olan harika bir taşıyıcı ile bağlantı kurdu ve işi de gayet yolunda gidiyor.

Kurucu insanlar ise bağlayıcıların, taşıyıcıların ve yaratıcıların yeteneklerinin bileşkesine sahiptirler. Her üç alanda da harikadırlar. Kurucu bir insan tek başına ayakta durabilir ve tüm rolleri üstlenebilir. Onlardan muhteşem koordinatör olur, çünkü onlarda nasıl bağlantı kurulacağı, nasıl hareket edileceği ve nasıl yaratılabileceğinin farkındalığı vardır. Bir işin tüm unsurlarını görürler, her alanda neye ihtiyaç olduğunu bilirler ve insanlara etkin bir biçimde çalışarak başarılı bir iş için gereken tüm unsurların yerli yerine oturmalarını sağlarlar.

Hayatınızdaki Bağlayıcılar, Taşıyıcılar, Yaratıcılar ve Kurucular

Ümit ediyorum ki bir yandan okudukça, öte yandan tanıdığınız bağlayıcılar, taşıyıcılar, yaratıcılar ve kurucuların tanımlarına uyan kişileri, not ediyordunuz. "Aaa evet şu kadın sürekli olarak benim ürünlerimden bahseder ve ben ona bunun için bir para falan vermedim. Ya bağlayıcılar, taşıyıcılar, yaratıcılar ve kurucuların sizin işinizde çalışmadan bunları sizin için yapsalardı nasıl olurdu? Ya bunlar sadece sizin işinize katkıda bulunan kişiler olsaydı? Aslında tam da öyledirler! Ya bağlayıcılar, taşıyıcılar, yaratıcılar ve kurucuları her yerden ve herhangi bir yerden alıp kabul etmeye gönüllü olsaydınız nasıl olurdu?

Onların Her Biri İşiniz İçin Gereklidir

Bağlayıcılar, taşıyıcılar, yaratıcıların her biri diğerleri kadar önemlidir. Biri bir diğerlerinden daha önemli ya da değerli değildir. Herbiri bir işi başarılı ve yumuşak bir şekilde kolaylıkla ve keyifle yürütmek için gerekli hüner ve yeteneklere sahiptirler. Hiçbiri özel değildir ve hepsi de özeldir. Eğer güçlü bir bağlayıcı, taşıyıcı, yaratıcı ve kurucunun yeteneklerine sahip bir elemanınız yoksa, başarılı olmak için gerekli tüm unsurlarınız tamam demek değildir. (Bu arada, bu ilişkiniz içinde geçerlidir. Başarılı bir ilişkide de bağlayıcı, taşıyıcı, yaratıcının bileşik yeteneklerine sahip olan partnerlere ihtiyaç vardır.)

Siz Hangisisiniz?

Sizin, bağlayıcılar, taşıyıcılar, yaratıcılar ve kuruculardan hangisi olduğunuz hakkında bir netliğe kavuşmanız için şu soruyu sorabilirsiniz:

✦ **İş içinde neleri yapmaktan ve olmaktan keyif duyuyorum?**

"Ben Sadece Bir Bağlayıcıyım"

Diyelim ki kendinizin bir bağlayıcı olduğunuzu keşfettiniz. Benim bir arkadaşımın yaptığı gibi, " Eğer ben sadece bir bağlayıcı isem nasıl başarılı bir işe sahip olabilirim?" diye sorabilirsiniz. Cevap ise basittir: Herşeyi tek başınıza yapmak zorunda değilsiniz! Size keyif veren kısmı yapın. Sorun :

✦ **Gerekenleri oluşturmak için daha başka kimlerin gelmesi gerek?**

Ya da belki de işi sadece bağlantı kurmak olan bir iş yaratabilirsiniz. Ben de arkadaşıma sordum:" Ya senin işin bağlantı kurmaksa? Ya senin işin, sen her neysen onunla ilgiliyse?" Eğer siz bir bağlayıcı iseniz, insanları bir araya getiren bir iş kurabilirsiniz. Craigslist'e bakın. O bir bağlayıcıdır. AngiesList'e bakın. O da bir bağlayıcıdır. Onların yaptığı şey budur - onlar insanları buluşturuyorlar - ve bu işten para da kazanıyorlar.

"Ben Bir Bağlayıcıyım Ancak Kendi Tanıtımımı Yapmaktan Nefret Ediyorum"

Kendiniz bir bağlayıcı olsanız bile, kendi tanıtımınızı (hatta bağlayıcıların kendileri bile bunu zor bulduklarından) yapması için bir başka bağlayıcıyı bulmaya ihtiyaç duyabilirsiniz. Belki de sizin için daha geniş olarak bağlantılar yapacak, sosyal medya hakkında bilgi sahibi birisini bulmaya ihtiyacınız olabilir. Ya da sizin için dünya çapında bağlantılar sağlayacak bir sosyal medya şirketi ile anlaşmanız gerekiyor olabilir. Şu soruyu sorun:

+ **İşime neyi veya kimi katmak zorundayım?**

Ana fikir sizin ve diğer insanların neyi kolay bulduğunun, sizin ve diğer insanların neyi yapmakta harika olduklarının ve herkesin kapasitesinin maksimum derecede daha fazla iş keyfi yaratacak şekilde nasıl kullanılabileceğinin farkındalığına sahip olmaktır.

Sonsuz olasılıklar nelerdir?

15. Bölüm

İşinize adam almak

Bazı temel bilgiler

İşinize eleman almanın zamanı geldiğinde sadece bir elemanın ortaya çıkmasını istemeyin. Bir çalışandan daha fazla olan, kendisine katkıda bulunurken işinizi de en çılgın fikirlerinizin ötesinde genişletecek birisini isteyin. Sizin işinize daha büyük bir realitenin girmesini arzu eden birini isteyin.

Daha önceleri daima böyle çalışmazdım. Yıllar önce işimin ayrı bir varlık olduğunun bilmeden ve ona sahip olduğumu sandığım zamanlarda, hiç kimsenin hiç bir işi benim kadar iyi yapamayacağı bakış açısına sahiptim. Ne çeşit elemanları işe aldığımı tahmin edin bakalım? Sürpriz! Kendi realitemizi kendimiz yaratırız. İşe aldığım hiç kimse benim yaptıklarımı benim kadar iyi yapamıyordu.

Benim işimi yapabilecek olanın sadece kendim olduğu fikrine tutundum ve bu süreçte de herşeyi sıkıca kontrol altında tuttum. Birçok sayıdaki iş sahibi bu yaklaşım içindedir. Hiçbir şeyi kendi haline bırakmak istemezler. Buradaki mesele ise sımsıkı tuttuğunuzda, elinizin kapalı olmasıdır. Daha başka bir şeyi alamazsınız. Star Wars filmlerinin birisinde, karakterlerden bir tanesi bir evrene tutunmaktayken bir diğeri de ona şöyle dedi "Eğer o evreni bırakmazsan, diğer evrenlerin hiç birini alamazsın." Kontrolü serbest bıraktığınızda ise sizin ve işiniz için çok daha büyük bir şey ortaya çıkabilir. Şimdilerde işe birini almak gerektiği zaman, bu konuda benden daha bilgili insanlardan benimle çalışmalarını istiyorum.

Eğer bir alan size keyif vermiyorsa veya bir konuda siz yeterince iyi değilseniz, bu alanda çalışmaktan hoşlanan birini bulun. Örneğin, ben herhangi bir konuda herhangi bir adamla, kadınla veya bir çocukla konuşabilirim, ancak ben bağlantı kurmaktan hoşlanan birisi değilim. Yaratıcı ya da taşıyıcı olmayı tercih ederim. Good Vibes For You ile satış konusunda benden çok daha iyi olan birisiyle beraber çalışıyoruz. Onun damarlarında kan dolaşmıyor, satış titreşimleri dolaşıyor. İşleri sizden daha iyi yapan birini neden işe almayasınız ki? Ekibimizde muhasebe yapmayı seven birisi de var. Onun tavrı "Bunu ben yapabilir miyim?" iken, benim cevabım "Elbette!"dir. Muhasebeyi benden daha iyi yapıyor, çünkü yapmayı seviyor.

Sizin sevmediğiniz şeyleri yapması için birisini işinize davet ettiğinizde, işinize katkıda bulunursunuz. Yapılması gereken işi yapmaktan gerçekten hoşlanan birisinin yapacağı katkıya izin vermediğinizde işinize karşı hiç de nazik davranmıyorsunuzdur. İşinizde yüksek yetkinlikteki kişilerin çalışması işinizi genişletir mi yoksa daraltır mı? Genişletecektir!

İşe Alma

İşte size işinize eleman almayı düşündüğünüz zamanlarda sormak için bir kaç soru:

+ **Gerçek bu kişi şimdi ya da gelecekte işe para kazandıracak mı?**

Karşılık olarak hayır cevabını elde edebilirsiniz. Derhal "O zaman ben bu kişiyi işe alamam!" sonucuna varmayın. Onun yerine,

+ **Gerçek bu kişi şirkete herhangi bir şey katacak mı?**

Bunun farkındalığını enerjik cevap olarak elde edersiniz ve buradan yola çıkarak seçim yapabilirsiniz. Seçimin farkındalık yaratacağını hatırlayın.

İş Görüşmesi Yaparken

Birisini işe almak için görüşme yaparken, şu soruyu sormayı deneyin:

+ **Aklınızdan "Gerçek" dedikten sonra, sesli olarak :**
+ **Sizin hakkınızda bilmem gereken fakat sormadığım bir şey nedir?**

Gerçek evrensel kanundur. Eğer bir sorudan önce "gerçek" diyerek soruyu daha sonra sorduğunuzda insanlar size gerçekleri söylemek zorunda kalacaktır. Size, "Bazen geç kalırım." veya " Aslında telefonlara bakmaktan hiç de hoşlanmıyorum." gibi şeyleri söyleyecekler ve daha sonra da (kendi kendilerine) "Şimdi ben bunu ne diye söyledim ki?" diyeceklerdir. Buna manipülasyon denir ve eğlencelidir!

Potansiyel İş Ortakları veya Çalışanlar Hakkında Bilmek İstiyecekleriniz

Yeni iş ortakları veya çalışanları işinize dahil etmeyi düşündüğünüz zamanlarda göz atabileceğiniz bir kaç şeyi aşağıda bulacaksınız :

+ **Fakirlik zihniyetine mi sahipler?** Fakirliği kendi realiteleri haline getirmiş kişileri işe almayın. Eğer para kazanmaya çalışıyorsanız bu işinize yaramayacaktır, çünkü bu tip kişiler onların dahi parasını ödeyecek kadar para kazanamamanızı sağlayacaklardır.

+ **Kendileri ya da ailelerinin hiç parası oldu mu?** Daha önce para sahibi olmuş kişiler para sahibi olmayı umarlar. Dışarıya çıkacak ve sizin için para yaratacaklardır, çünkü para onların realitesinin bir parçasıdır. Ona sahip olma beklentisi içinde olacaklardır.

+ **Parayı seviyorlar mı?** Eğer geçmişte fakirlikten geliyorlar olsa bile, eğer parayı seviyorlarsa, bu sevgileri nedeniyle hem sizin için hem de kendileri için para kazanacaklardır.

+ **Evlerinde hiç bir işlerine yaramayan şeylere tutunmak zorunda oldukları bakış açıları var mı?** Eğer varsa şunu bilmeniz gerekir ki, sahip oldukları şeylere, sahip olabileceklerinin tamamı bunlarmış gibi tutunduklarından büyük bir ihtimalle asla para sahibi olamayacaklardır. Bir kereliğine arabalarına binin. Eğer arabaları çöp doluysa kendileri de bir çöp yığınıdır ve asla size para kazandırmayacaklardır.

+ **Zeka ve farkındalık sahibiler mi ?** Mizah anlayışları var mı? Sizin aklınızı sürekli olarak işletecek birileriyle çalışmak zorundasınız.   Eğer yeterince zeka veya farkındalığı olmayan birisini işe alacak olursanız, onlardan kısa bir süre sonra rahatsızlık duymaya başlarsınız.

Farkındalıktan yaratılmış olan iş, iş neşesinin kendisidir- daha farklı bir şekilde yürütülen bir iştir.

16. Bölüm

Güçlendirmek ya da mikro yönetim

Konuştuğum insanlar sıklıkla işe adam almak konusundaki endişelerini ifade ederler. Kaygılıdırlar, "Yetkin olan insanlar bulabilecek miyim? En küçük ayrıntıyı dahi onlara anlatmak zorunda kalacak mıyım? Onlar işi yarım yamalak yaparken, geri kalanını tekrar ben mi yapmak zorunda kalacağım? Eğer öyle olursa duble iş yapmak zorunda kalacağım! İşin istediği gibi sonuçlanacağından emin olmak için herşeyi nasıl kontrol etmeliyim?"

Ben onlara "Birşeyleri kontrol etmeye çalışmayın." diyorum. İşinizin ve hayatınızın lideri olmaya gönüllü olmak zorundasınız. Liderler, hangi yöne doğru ilerlemekte olduklarını bilen ve oraya her ne pahasına olursa olsun erişen kişilerdir. İşinizin lideri olmanız demek, tam olarak işinizin tepesindeki kodaman kişi olmanız ya da herşeyi kontrol ediyor olmanız anlamına gelmez. Ancak birlikte çalıştığınız kişilerin katkılarını davet etmeniz anlamına gelir. Onların kendi seçimlerini kendi başlarına yapmalarını beklemek anlamına gelir.

Mikro yönetim, bir iş lideri olarak, sizin farkındalığınızı azaltarak, herşeyin belirli şekilde olmasına odaklandığınızı gösterir. Buradaki sorun ise bu tarz düşüncelerin işinizi asla büyütmeyecek olmasıdır; aksine onu küçültecektir ki mikro yönetimin mikro'su tam da budur. Mikro yönetime geçtiğinizde düşünceleriniz ve beklentilerinize yönelerek, olasılıkları gerinizde bırakırsınız. Çalışanlarınızın gemlerini sımsıkı tutarsınız. Onların tam tepelerinde durup, onları gözlemek ve bir şeyler söylemek eğiliminde olursunuz.

Bu işe yarayabilecek bir yaklaşım değildir. Eğer böyle yaptığınızda işinizin ve çalışanlarınızın başına ne geldiğini gözlemleyecek olursanız, büyük bir ihtimalle enerji akışının durduğunu gözlemleyeceksiniz. Para akımları azalır, birşeyler daralmaya başlar ve çok fazla neşe de kalmaz. Bunun nedeni sizin herşeye tutunuyor olmanızdır. İşinizi, farkındalık, soru, seçim ve sonsuz olasılıklar yerine, sonuçlardan, kontrol ve yargılardan yürütüyorsunuz demektir.

Birisini güçlendirdiğiniz zaman, bu hem onlara hem de işinize katkıdır. Katkının hem sizin için hem de onlar için ortaya çıkmasına izin verirsiniz. Eğer çalışanlarınıza soru sorarsanız ve cevapların katılığı yerine, farkındalık alanından işleyecek olursanız; şirketinizin her alanında insanların olmak istedikleri herşeyi olmalarına elveren bir güçlendirme enerjisi yaratırsınız.

İnsanları İyi Oldukları Alanda Çalışmaları İçin Güçlendirin

Çalışanlarınızı iyi oldukları alanlarda çalışmaları için güçlendirin. İnsanlar kendi işlerini yaratmaktan hoşlanırlar. İnsanlar sevdikleri işleri yaptıkları zaman, iş bir davet haline gelir; eğlenceli hal alır ve işinizi genişletir. Herkesin farklı bir bakış açısı vardır. Eğer bir oda dolusu kişi olsaydı ve herbirine belirli bir işi yapmalarını söyleseydim, herbirisi bu işi farklı bir biçimde yapardı. İşte genişleme buna benzer. Bu herkesin bir işin nasıl yapılması gerektiği konusunda, sizin asla aklınıza gelmemiş fikirleri olacaktır. Ya herkesin kim olduğunun farkını alıp kabul etmeye gönüllü olsaydınız?

Siz Olsanız Nasıl Yapardınız?

Çalışanlarınızı iyi oldukları alanlarda çalışmaları için güçlendirmek onlara ne yapmaları gerektiğini söylemekten çok daha farklı bir enerji yaratır. Çalışanlarımdan birisi bir işin nasıl yapılması gerektiğini sorduğu zaman, ben: Sen olsan nasıl yapardın? diye cevaplarım. Bu soruyu sormanız, onların perspektifini alıp kabul etmenize izin verir.

Geçenlerde bizimle beraber çalışan birisiyle bir toplantı yaptım. Bana " Sizin önceliklerinizin ne olduğu hakkında biraz bilgi verir misiniz ? diye sordu.

Ben de " Bu aralar neyin üzerinde çalışıyorsun?" diye sordum.

Bana yapmakta olduğu beş şeyden bahsetti.

" Ne yapmak isterdin?" diye sordum.

"Şu ve şu alanlarda çalışmak isterdim, çünkü olaylar o yönde gelişiyor olduğunu görüyorum." dedi.

Ben de "Harika, öyle yap o zaman." dedim.

Daha sonra gün içinde bana " Önceliklerimi seçmeme izin verdiğiniz için çok teşekkür ederim." diyen bir email gönderdi.

Eğer ondan yapmak istemedği bir şeyi isteyecek olsaydım, bunu iyi bir şekilde yapar mıydı? Çabucak yapar mıydı? İstekli bir şekilde yapar mıydı? Büyük bir olasılıkla hayır. Yapması gerektiğini düşündüğüm bir takım işleri yapmamasına gönüllü oldum, çünkü sevdiği şeyleri ve önemli gördüğü şeyleri yaparsa onları iyi yapacağını ve ondan talep edemeyeceğim kadar çok katkıda bulunacağını biliyorum.

Emirler yağdırmadığınız bir yerden işlediğiniz zaman, işinize katkıyı davet eder ve daha da genişletici bir enerji yaratırsınız. Ekibinize şöyle sorular sorun:

+ **Bu projeye siz hangi katkıda bulunabilirsiniz?**
+ **Sizin ne gibi fikirleriniz var?**
+ **Siz bunun tam olarak nasıl görünmesini isterdiniz?**
+ **Bu sizin için tam olarak ne anlama geliyor?**

Sorularınızda 'tam olarak' ifadesini kullanın. Bu karşınızdaki insanlar için gerçeği söylemelerini sağlar ve size o kişinin neyi yapıp yapmayacağı hakkında daha fazla bilgi ve farkındalık verir.

İnsanları bu şekilde güçlendirdiğinizde onların "Ben nasıl katkıda bulunabilirim?" sorusunu sormalarının kapısını aralarsınız. Bu bir işin başarısı için çok büyük bir faktördür. (Bu arada sizin onların fikirlerini sormanız demek onları mutlaka uygulamaya koymak zorunda olduğunuz anlamına gelmez; basitçe sizin daha fazla bilgi sahibi olmanız ve daha geniş bir perspektife sahip olmanız anlamına gelir. Eğer onların katkılarını rica etmeye ve onları alıp kabul etmeye gönüllüyseniz, hem sizin hem de onlar için çok çok daha fazlası meydana gelecektir.

İnsanlara yapmak istedikleri şeyleri yapma gücünü
vermek, sizin onlara ne yapmaları gerektiğini
söylemenizden çok farklı bir enerji yaratır.

17. Bölüm

Anlaşmak ve teslim etmek

Birçok insan eğer kendileri nazik ve kibar olurlarsa, diğerlerinin onlara kibar ve nazik şeyler vereceklerine ve arzu ettiklerine erişeceklerine inanırlar. "Başkalarına kendine davranılmasını istediğin şekilde davran." sözünün gerçekten işe yaradığını sanırlar. Ya da "Eğer yeterince kibar veya iyi olursam veya doğru olanı yaparsam, her şey harika bir şekilde sonuçlanır." düşüncesine sahiptirler. Hayır! Eğer bu yaklaşımı denediyseniz, büyük bir ihtimalle işe yaramadığını da keşfetmiş olmalısınız. Başkalarına kendine davranılmasını istediğin şekilde davran'dan işlediğinizde, gerçekten neyin ortaya çıkacağına bakmazsınız. Sonucun olabileceğinden daha iyi bir şekilde meydana geleceği fantazisine sahipsinizdir. Birisinin size teslim edeceği şeyin; gerçekten teslim edecek olduğundan daha büyük olduğuna inanırsınız.

Buradaki Anlaşma Ne?

Harikalar Diyarı'ndan iş yapmak yerine, sizi adına bizim anlaş ve teslim et dediğimiz yaklaşımı kullanmaya davet ediyorum. Bu neyi arzu ettiğinizi ve gereksinim duyduğunuzu bilmek ile soru sormak ve karşınızdaki kişinin neyi teslim edebileceğini ve edeceğini tanımak ile ilgilidir. Hem sizin hem de karşınızdaki kişinin sahip olduğu fantazilerin ötesine geçerek, buradaki anlaşmanın ne olduğuna ve her iki taraf açısından da neyin teslim edilmesi zorunda olduğuna bakabilmenize izin verir.

Her ne zaman bir sözleşme imzalayacak olsam veya herhangi birisiyle herhangi bir konuda bir anlaşma yapacak olsam; "Buradaki anlaşma nedir? Benden tam olarak ne istiyorsun, neye gereksinim duyuyorsun? Ben neyi teslim etmek zorundayım? Sen tam olarak neyi teslim edeceksin?" sorularını sorarım. Sorular netlik elde etmek için kaçınılmazdır. Bütün yaptığınız sadece sizin neye gereksinim duyduğunuzu ifade etmekten ibaret olduğunda, karşınızdakinin sizi anladığını varsayarsınız. Bu her zaman için bir hatadır. Sizin neye gereksinim duyduğunuz, bunun karşılığında neyi teslim edeceğiniz hakkında tam olarak net olmanız ve karşınızdaki kişinin neyi teslim edeceği hakkında tam olarak net olmanız gerekir. Size göre buradaki anlaşma nedir? Burada neyi anlaşma gibi görüyorsunuz? Aşağıdaki gibi soruları sormak zorundasınızdır:

+ *Buradaki anlaşma nedir?*
+ *Benim için neyi teslim edeceksin?*
+ *Benim istediğimi teslim edecek misin?*
+ *Senin teslim edemeyeceğin bir şey mi istiyorum?*
+ *Buradaki hükümler tam olarak nelerdir?*
+ *Buradaki koşullar nelerdir?*
+ *Benden tam olarak ne istiyorsun, neye gereksinim duyuyorsun?*
+ *İstediğimi elde etmem için neyi teslim etmek zorundayım?*
+ *Ben senin istediklerini teslim edebilir miyim?*
+ *Burada neyi bilmeye ihtiyacım var?*
+ *Sormaya isteksiz olduğum bir şey var mı?*

Para

Anlaş ve teslim et yaklaşımı özellikle para söz konusu olduğu zamanlarda önemlidir, çünkü insanlar para konusunda muğlak olmaya eğilim gösterirler. Asla net değildirler. Kafanızı karıştırırlar ki size ne kadar fatura kesecekleri, bir şeyin nasıl ortaya çıkabileceği veya ne zaman teslim edileceği hakkında en ufak bir fikriniz dahi olamaz. Ben para konusunda asla muğlak değilimdir. Çok kat'iyimdir. Tam netlik isterim. Şu gibi sorular kullanırım:

+ Ne demek istiyorsun?
+ Tam olarak neye benzeyecek?
+ Bana tam olarak maliyeti ne kadar olacak?

Her zaman için tam bir rakam isterim. Böyle olunca da daha ileride, bana geri gelip " Fazladan yapılması gereken şeyleri konuşmamıştık." diyebilme olasılıkları kalmaz.

> *Eğer neyin meydana geleceğini bilmek*
> *istiyorsanız soru sormanız gerekir.*

Teslim Edecekler mi?

Her ne zaman birisi "Seninle beraber çalışmak istiyorum." gibi bir şey söyleyecek olsa bununla ne demek istediklerini anlayın. Bedelini sizin karşılamanız koşuluyla sizinle beraber seyahat etmeyi ve bunun karşılığında sadece eşyalarınızı taşımayı düşünüyor olabilirler. Büyük bir ihtimalle sizin ihtiyacınız olan bu değildir!

Diyelim ki köpeğinizi yürüyüşe çıkarması için birisiyle anlaşmak üzeresiniz. Bu durumda şu soruları sormak istersiniz:

+ **Neyi teslim etmeyi düşünüyorsunuz?**

+ Köpeği ne zaman yürüyüşe çıkaracaksınız?
+ Bu neye benzeyecek?
+ Haftada kaç gün bunu yapacaksınız?

Onların sizin köpeğinizi aynen sizin yapacağınız gibi yürüyüşe çıkaracağını varsaymayın. Bu konuda akıllarında ne olduğunu ortaya çıkarın. Anlaş ve teslim et alanından işlediğinizde, neyi arzu ettiğiniz hakkında berraklık elde edersiniz ve karşınızdaki kişinin bunu gerçekten de teslim edip edemeyeceğini bulabilirsiniz. Karşınızdaki kişi sizin ondan yapmasını istediğiniz şeyi yapacak mı? olup bitmekte olana bakmaya gönüllü olun ve daha sonra da " Bu kişi benim arzu ettiğim şeyi teslim edecek mi?" sorusunu sorun.

Eğer birisi size, sizin için bir şey yapmayı teklif ederse, ona "Bu harika. Buradaki anlaşma nedir? Bunun karşılığında ne istiyorsun?" diye sorun. Birisine bir işi yaptırıp daha sonra da beklentinizin çok üstünde bir fatura ile karşınıza çıkmasına izin vermeyin. Onlara en başında "Tamam. Anlaşma nedir?" diye sorun. Hem siz hem onlar netlik elde edersiniz.

Asla Yüzleşmeyin

İyi bir arkadaşım, işinde bir şeyler yaptırmak istemişti. Ona ihtiyaç duyduklarını teslim edeceğini söyleyen bir kadın buldu. O bunun kaça mal olacağı konusunda aralarında bir anlaşma olduğunu sanarken; kadın tamamen farklı bir anlayışa sahipti. Kadın ona beklediğinin dört katı kadar bir fatura gönderdi. Arkadaşım çok kızmıştı ve kadının anlaşmalarının gereğini yerine getirmediğini söyleyebilmek için yüzleşmek istemişti.

Onun fikri "Eğer seninle yüzleşirsek, yanlış olduğunu göreceksin!" şeklindeydi. Bu yaklaşımdaki problem yüzleşmenin asla işe yaramamasıdır. Birisiyle yüzleştiğiniz veya onlara karşı geldiğinizde onlar seçtikleri pozisyonu otomatik olarak savunmak zorunda kalacaklardır. İnsanlar sadece gördükleri yerden görürler. Onlar sizin gördüğünüz yerden göremezler. Hiç kimse asla sizin bakış açınızı tam olarak anlamayacak ve siz kendinizinkini ifade ettiniz diye kendi bakış açılarını değiştirmeyeceklerdir. Sonuç olarak siz kişilerle yüzleşirseniz, onlar haklı göstermek ve savunmak zorunda kalacaklardır.

"Kafam Karıştı. Bana Bu Konuda Yardımcı Olabilir misin?"

Ne zaman birisiyle yürümekte olan bir şey ile ilgili olarak konuşacak olsam, onlarla yüzleşmeye girmekten çekinirim. Benim ilk söylediğim şey:

+ "Kafam karıştı. Bana bu konuda yardımcı olabilir misin?" olur.

Yardıma ihtiyacım olduğu pozisyonunu alırım: bir şeyi kaçırmışım; bir şeyi kaybetmişim, bir şeyi anlamamışım. Bu bakış açısını aldığınızda, karşınızdaki insan her zaman boşlukları doldurmaya çalışacaktır. Size yardım etmeye ve katkıda bulunmaya çalışacaklardır. Daha yumuşak bir yaklaşım, daha fazla bilginin ortaya çıkmasına izin verecektir. Tüm aradığınız berraklık ve farkındalıktır; bunun kazanmak veya kaybetmek ya da doğru veya yanlış olmakla alakası yoktur.

Kısa bir süre önce birlikte çalıştığım birinden aldığım bir elektronik posta nedeniyle hayal kırıklığına uğradım. Bana başka birisine kaba davranıyor gibi gelmişti. Bu konuda onunla yüzleşmedim veya ondan niye böyle bir şey yazdığını açıklamasını rica etmedim. Bunun yerine, "Kafam karıştı. Bana bu konuda yardımcı olabilir misin?" diye sordum ve böyle yaparak benim ondan yapmasını rica ettiğim, nasıl yapacağını bildiğini sandığım şeyi, aslında yapacak kapasitesinin olmadığını öğrendim. Bu bilgiye sahip olduğum için şimdi, ihtiyaç duyulan şeyi teslim edebilecek kapasitesi olan, kızgınlıksız, yüzleşmesiz veya gerekçe göstermek zorunda olmayacak birisini bulabilirim. Bu yaklaşım, sonsuz olasılıkların ortaya çıkmasına izin verir. Birisiyle yüzleşmekten veya dikkatinizi çekmesi gereken bir durumun farkında olmamaktan çok çok daha fazla genişleyicidir. Temel olarak, daha fazla farkındalık ile alakalıdır.

Yüzleşmenin faydalı olabilme ihtimalinin olduğu tek zaman, insanları seçtiklerini seçmeye devam ettiklerinde kaybedeceklerini görmelerini istediğiniz zamandır. Örneğin, bazı kişiler para ile uğraşırlarken, kalın kafalı olmayı seçebilirler. Bir şeyin kaça mal olacağı konusunda kafanızı karıştırarak "kazanacakları" bir durumu yaratmayı isterler. Yarattıkları kafa karışıklığı kandırmacalarının varlığını devam ettirmesini sağlar. Bu olduğu zaman, bunu bir miktar yoğunlukla söylemekte fayda olabilir: " Ne istediğini anlamıyorum Ne halt istiyorsun?" Bu gerçekten anlaşmanın ne olduğu hakkında biraz daha netlik verebilir.

Asla Gerekçe Göstermeyin

İnsanlardan bir şeyi teslim etmelerini istediğinizde; onun niçin belirli bir şekilde teslim edilmesi gerektiğini isteğinizi açıklamak veya bir gerekçe göstermek eğiliminde olabilirsiniz. Nedenlerini açıkladığınızda bunun, arzu ettiğiniz şeyi elde etmenize yardımcı olacağı düşüncesine sahip olabilirsiniz ve örneğin, "Ben bu broşürün, ağır, yüksek kaliteli parlak bir kağıda basılmasını istiyorum. Çünkü şirketimizin, herşeyi mümkün olan en iyi şekilde yapan, çok başarılı bir kuruluş olarak algılanmasını istiyorum." gibi bir şeyler söyleyebilirsiniz. İnsanların sizin seçtiklerinizi anlamalarını sağlamaya çalıştığınız zaman, yaptığınız her bir eylem için gerekçe göstermeye çalışırsınız. Sakın gerekçe göstermeyin veya açıklama yapmayın. Sadece sizin için gerçek olan neyse onu söyleyin. "Ben bu broşürün, ağır, yüksek kaliteli, parlak bir kağıda basılmasını istiyorum."

İster işinizde ister kişisel ilişkilerinizde karşınızdakilere tam olarak ne istediğinizi söyleyin. "Bu ilişkinin yürüyebilmesi için benim ihtiyaç duyduğum şey şu." deyin. "Aşk herşeyi fetheder." değil; "Eğer onlara ihtiyaçları olan sevgiyi verecek olursam, herşey yolunda gider." değil. Bu hayal aleminden işlemektir. Anda olmayı seçin ve fantazinin ötesine geçin. Bu size istediğinizi yaratma izni verir. Arzu ettiğiniz şey için gerekçe göstermeye çalıştığınızda aslında karşınızdaki insanlarla doğrudan doğruya yüzleşmeksizin, yüzleşmeye çalışırsınız.

Gerekçe göstermek işe yaramaz, çünkü diğer kişilerin sizin mantığınızı izlemelerinin bir yolu yoktur. Onlar sizin bakış açılarınızı göremeyeceklerdir çünkü onların kendi bakış açıları vardır. Ya sizin söylediklerinizle savaşacak ya da kendi bakış açılarından vazgeçerek sizi doğru olarak göreceklerdir. Bu seçeneklerin hiç biri onların sizin istediklerinizi teslim edebilme kapasitelerine katkıda bulunmayacaktır.

Benim İhtiyacım Olan Bu. Sen Bunu Teslim Edebilir misin?

"Seçimimde ben haklıyım ve senin bunu benim açımdan görmeni istiyorum." demek anlamına gelen arzu ettiğinizi haklı göstermek yerine, basitçe "Ben bunu seçiyorum çünkü ihtiyacım olan bu. Bunu teslim edebilir misin?" deyin. O zaman karşınızdaki kişi anlaşmanın yürüyebilmesi için ne yapmak zorunda olduklarını anlayacak ve ihtiyacınız olanı teslim etmeyi veya etmemeyi seçecektir.

Asla Onay Aramayın

Aynısı, insanlara sizin ihtiyaç duyduklarınızı onaylatmaya çalışmak için de geçerlidir. Hiç zahmet etmeyin! Bu olmayacaktır. Bunun yerine, iletişimlerinizde açık ve net olun ve anlaşmanın ne olduğunu bulun. Açık ve basit bir şekilde insanlara neye ihtiyaç duyduğunuzu söyleyin. Onların neye ihtiyaç duydukları hakkında da netlik kazanın. Sorular sorun ve onların neleri teslim edip edemeyeceğinin farkında olun.

Asla yüzleşmeyin, gerekçe göstermeyin
ve asla onay aramayın.

18. Bölüm

Bildiğinize güvenmek ve ihtiyacınız olan bilgiyi elde etmek

İş dünyasında bildiklerinize güvenmek önemlidir. En iyisini kim bilir? Muhasebeciniz mi? Avukatınız mı? Aynı iş kolunda çalışan birisi mi? Hayır. Siz bilirsiniz! Eğer siz kendinize güveniyor olsaydınız işinizin neye benzeyeceğini hayal edin. Ortada daha mı çok para olurdu yoksa daha mı az para olurdu? Ortada daha mı çok eğlence olurdu yoksa daha mı az eğlence olurdu?

Kocası ve kendisini iş alanında uzman olarak gören bir adam ile iş yapmakta olan bir kadın tanıyorum. İşin fiilen sahipleri o kadın ve kocası olmakla birlikte, o adamın işlerin nasıl yapılması gerektiği konusunda çok güçlü görüşleri vardı.

Bir keresinde kadın bana, "Sanki bana yapmak istediğim her işin arkasında bir açıklama arıyormuş gibi geliyor. Ona, bir şeyi niye benim istediğim şekilde yapmak istediğimi ikna etmeye çalışmak zahmetine katlanmak yerine, işleri onun istediği şekilde yapıyorum. Fakat bu beni zavallı bir hale getiriyor. İşimizden daha önceleri keyif alırken, şimdi nefret ediyorum." diye içini döktü.

Ben de " Doğru mu anlıyorum. Bu işin sahibi kocan ve

sensin değil mi?" diye sordum.

"Evet." diye cevapladı.

"Öyleyse güç ve kontrol, sen ve kocanda. Ya işleri onun yordamıyla yapmak yerine, ona iş dünyasında başardıkları nedeniyle hayranlık duysan ve onun görüşlerini almaktan şükran duyduğun bilgiler olarak görsen, ondan sonra da kendi bilişini izlesen nasıl olurdu?" diye sordum.

İşte bu anlaş ve teslim et'ten işlemek olurdu. O kendi seçimlerini yapar, açıklamadan, gerekçe göstermeden veya yüzleşmeden ne istediğini ifade ederdi.

Burada Daha Başka Neleri Bilmeye İhtiyacım Var?

Kendinize güvenmek ve bildiğinizi alıp kabul etmek önemlidir. Aynı zamanda soru sormak ve ihtiyacınız olan bilgiyi elde etmek de önemlidir. Bilmeyi arzu ettiklerinizi elde etmek için, bir muhasebeciyle, avukatla veya o endüstrideki bir başkasıyla konuşmanız gerekebilir. Bazı kişiler iş hayatındaki bilinmesi gereken her türlü şeyi biliyor görünmek isterler. Ben tam zıttıyım. Hakkında bilgi sahibi olmadığım bir şey çıktığında "Bu nedir? Bununla ilgili ne biliyorsun?" diye sorarım. Herkesi dinleyin ve onların söyledikleri şeyin enerjisi ile sizin hoşunuza giden şeyin enerjisinin ne zaman uyuştuğunu bileceksiniz.

Eğer kızgın, sinirli veya kafanız karışık ise ya da işinizde bir şey size garip veya rahatsızlık verici geliyorsa, büyük bir ihtimalle daha fazla bilgiye ihtiyacınız var demektir. İnsanlar genellikle kafalarının karıştığı ya da kızgın oldukları zamanlarda sıklıkla doğrudan yargıya giderler veya kendilerini ya da bir başkasını yanlış yapmaya çalışırlar. Gerçekte, basitçe bilgi eksiklikleri vardır. Bunu çözümlemenin yolu soru sormaktır. Belki de çalışanlarınızdan birisi sizi sinirlendirecek bir şey yaptı. Belki bir proje yavaşladı ve siz onu nasıl yürüteceğinizi bilmiyorsunuz. Eğer soru sormaya gönüllü olursanız, daha fazla netliğe sahip olursunuz ve farkındalıkla seçim yapmanız mümkün olur. Sorun:

+ **Burada daha başka neyi bilmeye ihtiyacım var?**
+ **Kiminle konuşmalıyım?**
+ **Alıp kabul etmeye gönüllü olmadığım hangi farkındalığa sahibim?**

Bu noktada ayrıca şu soruları da sorabilirsiniz:

+ **Burada benim anlamadığım doğru olan ne var?**
+ **Neyi algılamaya, bilmeye, olmaya ve alıp kabul etmeye gönüllü değilim?**

Burada Bir Yalan mı var?

Eğer kızgın veya rahatsız hissediyorsanız bu, burada bir yalan olduğu anlamına da gelebilir. Sorun:

+ **Burada bir yalan mı var?**

Yalanın ne olduğunu bilmenize gerek yok. Sadece burada bir yalan olduğunun farkındalığına sahip olursunuz ki bu da önemli bir bilgidir. Aslında oldukça basittir. İhtiyacınız olan bilgiye ulaştığınızda, bu eğer kötü bile olsa, bir milyon dolar borcunuz olduğunu keşfetseniz bile neyi oluşturmak zorunda olduğunuzu bileceksiniz. Neyi değiştirmek zorunda olduğunuzu bileceksiniz.

Burada Gerçeğe İliştirilmiş Bir Yalan mı var?

Hiç başınıza size birisinin, " Bu muhteşem bir fırsat. Bununla bir sürü para kazanacaksın!" dediği bir durum geldi mi? Bu fırsat ile ilgili bir şeyler harika gelirken bir şeyler de o kadar muhteşem gelmiyorsa, burada gerçeğe iliştirilmiş bir yalan vardır. Size para kazandıracak birçok yerleri görebilirsiniz, gerçek kısmı budur. Bu gerçeğe iliştirilmiş ifade edilmemiş olan yalan ise o paranın size önümüzdeki üç ila beş seneden önce gelemeyecek olmasıdır.

Siz hiç okyanus manzarası sunan güzel bir evden bahseden emlak ilanı gördünüz mü? Kulağa harika geliyor değil mi? Evet harika bir ev, ancak okyanus manzarası sadece eğer siz 190 cm boyundaysanız ve parmak uçlarınızda yükselip verandanın solundaki çok özel bir noktadan baktığınızda mevcuttur. Bu ucuna bir yalan iliştirilmiş bir gerçektir. Eğer bir toplantı esnasında veya birisiyle bir proje geliştirirken bir şeyler size acayip geliyorsa bu soruyu sorun:

✦ **Burada gerçeğe iliştirilmiş bir yalan mı var?**

Yalanın ya da gerçeğin ne olduğunu bulmak zorunda değilsiniz. Sadece gerçeğin ve yalanın enerjisini araştırıp ve ihtiyaç duyduğunuz farkındalığı elde etmenize izin vermeyen herşeyin yaratımını yıkıp iptal edebilirsiniz.

Burada Doğru Olan, Benim Anlayamadığım ne var?

Bu soru, durum her ne olursa olsun birisinin veya bir şeylerin "yanlış" olduğu fikrinin ötesine geçer. Asla hiç bir şey yanlış değildir. Gerçekten asla bir hata yapmazsınız; sürekli olarak öğrenmektesiniz ve daha da fazla farkında olmaktasınız. Bir şeyin yanlış olduğunu düşündüğünüz yere gittiğinizde, bu bir yargıdır. Durumun sahip olduğu tüm olasılıkların suratını kapıyı çarparsınız. Bu araç ise daha büyük farkındalık ve olasılıkların kapısını açar. Sorun:

♦ **Burada doğru olan, benim anlayamadığım ne var?**

Örneğin, bazen birisi için bir iş alanında çalışmanın enerjetik olarak doğru olmadığı zamanlar olabilir. Bazıları bunu bir kayıp olarak görebilir. "Aman bu kişi işten ayrılmayı seçiyor." veya "Onu işten çıkarmamız gerek." veya durum her ne ise. Bu kişinin işten çıkarılmasınının bir hata olduğu veya o insanın ayrılmasının üzüntü verici olduğu yargısına gitmeyin. Soruya gidin. Ya bir kayıp değilse? Ya bu sizin işiniz ve o kişi için daha da genişleyici seçimse? Ya işinizin, şirketin, ya da projenin gereksinim duyduğu şey buysa? Belki de bu kişinin ayrılması herkes için bir şeyin meydana çıkması için alan ve enerji yaratacaksa?

Bir arkadaşım bir petrol şirketinde çok yüksek seviyeli bir pozisyonda uzun bir süre çalıştıktan sonra o endüstride çalışmaktan vazgeçti. O endüstriye geri dönmeye karar verdiğinde, kullanılmakta olan sistemlerin hakkında güncel bilgi sahibi değildi. Bir kaç tane iş görüşmesi yaptı ve aldığı tek iş teklifi beklediğinden oldukça daha az para veren üç aylık bir kontrattı. Bunun yanlışlığı ve ne kadar az para kazanacağına gitmek yerine "Burada doğru olan, benim anlayamadığım ne var?" sorusunu sordu.

Durumuna bakmanın bir başka yolu daha olduğunun idrakine vardı. Bilmesi gereken sistemler hakkında üzerine para kazanacağı üç aylık bir eğitim alacaktı ve üç ay sonra kontratı sona erdiğinde dışarıya çıkıp daha fazla para isteyebilecekti. "Aslında bu bana kendim için seçtiklerim için güç ve potansiyel sağlıyor. Endüstrinin kullanmakta olduğu sistemler hakkında güncel bilgilere sahip olduğumda harika bir iş bulabileceğimi biliyorum." diye düşünüyordu.

Benim Hakkımda Doğru Olan, Benim Anlayamadığım ne var?

"Bunun hakkında doğru olan ne var?" sorusunu kendinize de uygulayabilirsiniz. Yapmış olduğunuz bir şey hakkında kendinizden rahatsızlık mı duyuyorsunuz? Bir hata yaptığınız yargısına mı vardınız? Yanlış bir şeyler mi yaptığınızı düşünüyorsunuz? Bu soru sizin kendinize bir başka bakış açısından bakmanıza izin verecektir ve bazı yeni olasılıkların kapılarını açabilir. Sorun:

+ **Benim hakkımda doğru olan, benim anlayamadığım ne var?**

Bu araç/soru sizin kendinizi yargılamaktan çıkmanızı sağlayacaktır. Kendinizi yanlış yapmaya gitmek üzere olduğunuz zamanlarda sorulacak harika bir sorudur. Ya asla yanlış değilseniz? Sizin hakkınızda daima daha büyük bir şey vardır. Ya siz bu aracı kullansaydınız ve kendiniz hakkınızda alıp kabul etmeye gönüllü olmadığınız bir şeylerle ilgili farkındalık elde etseydiniz nasıl olurdu? Bu sizin ve hayatınız için daha mı çok, yoksa daha mı az yaratırdı?

İşinizdeki meseleleri çözmek ve ihtiyacınız olan bilgileri elde edebilmek için bu bölümdeki tüm soruları kullanacağınızı ümit ediyorum. Bunları istikrarlı bir şekilde farkındalıkla kullandığınız zaman, bildiklerinize olan güveniniz gittikçe daha da artacaktır. Ve bu da daha fazla para, daha fazla eğlence ve daha fazla işin neşesi anlamına gelir!

En iyisini kim bilir? Siz!
Eğer siz kendinize güvenseydiniz işiniz neye
benzerdi onu gözünüzde canlandırın?

19. Bölüm

Kendiniz için seçmek

Birçok kişi farkındalığı yanlış tanımlar. Farkındalığın, seçim yaparak soru sormak yerine sonuca kontrole ve yargıya giderek yaratıldığını düşünüp sonuçlardan işlemek "Biz bu işi böyle yaparız. İşler bu şekilde yapılmalıdır. Burada hiç bir değişiklik yapmıyoruz. En son yaptığımızda işe yaramıştı, öyleyse bu sefer de aynı şekilde yapacağız." demektir.

Diyelim ki bir fuarda bir stand açıyorsunuz. Sonuç ve kontrolden işlemek şöyle demektir "Geçen sene gayet başarılıydı. Stand harikaydı. Bu yılda tekrar aynı yerde olmak zorundayız, bu yıl da aynı şeyleri yapmamız gerek, çünkü geçen sene insanları bu şeyler çekmişti." Bu yaklaşımda farkındalık ve değişim için bir yer var mı? Hayır!

Farkındalıktan işlemek ise : "Geçen seneki fuar harikaydı. Bu sene de iyi olacak mı? veya burada bakmamız gereken başka bir şey mi var?" demek olacaktır. Herhangi bir sonuca ulaşılmadan. Fuara hem katılmaya hem de katılmamaya gönüllüsünüz. Geçen seneden çok daha farklı görünmesine de gönüllüsünüz.

Karara Karşılık Seçim

İnsanlar çoğu kez kararı ve seçimi birbirine karıştırırlar. Bu özellikle kararların derin bir şekilde aileleri, kültür ve iş alanlarını ilgilendirdiği durumlarda doğrudur. Bir karar bir yargı ile bağlantılıdır. "Ben bunu yapıyorum! Bom! İşte bu kadar. Herhangi bir değişiklik mümkün değildir. Bir karar olasılıklar için kapıları kapatır. Yapılabilecek başka bir şey kalmaz. Öte yandan, bir seçim ise sizin bir saniye içinde değiştirebileceğiniz bir şeydir.

İtalya'daki bir Access Consciousness sem**inerinde bir katılımcı şöyle dedi: "İnsanların tatillerini sadece yazları yaptıkları bir yerde yaşıyorum, bu nedenle sadece yaz aylarında çalışıyorum. Bir arabaya dahi ihtiyacım yok, ancak bu nedenle de ek iş yapacak yerlere de ulaşamıyorum. Bunu nasıl değiştirebilirim?"

Benim cevabım "Seçim! Seçim farkındalık yaratır; farkındalık seçim yaratmaz. Dışarıda kocaman bir gezegen var ve sadece İtalya'da güzel bir yaz tatili bölgesinde doğdunuz diye orada kalmak zorunda değilsiniz. Herşeyi değiştirebilirsiniz. 'Seçim farkındalık yaratır' demek neyin mümkün olduğunun farkındalığını sizin seçim yaptığınızda yaratıyor olduğunuz anlamına gelmektedir. Yeni olasılıkların ve bir şeyleri yapmanın yeni yollarının kapılarını siz açarsınız. Eğer bir seçim yapmazsanız daha başka nelerin ortaya çıkabileceğinin farkındalığını asla elde edemezsiniz.

"Eğer 'Ben ek işler bulamıyorum çünkü_____' diyorsanız, çünküden sonra gelen her şey sizin, neden daha fazlasını seçmediğinizin gerekçesidir. Bu nedenle de ne sizin ne de başkalarının hayatlarında ve işlerinde arzu ettiklerini niçin elde edemedikleri hakkındaki hikayenizi yutmuyorum.

Kişiler sıklıkla bu tarz gerekçe gösterme çabası içine girerler. Kısa bir zaman önce Avustralya'nın ücra bir köşesinde yaşamakta olan bir kadın ile konuştum. Bana işini yaratamamasının nedeninin içinde bulunduğu inziva koşulları olduğundan bahsedip durdu.

"İşini yapamamanı haklı göstermek için yaşadığın yeri kullanmasaydın nasıl olurdu? İşini yaratmak için taşınmak zorunda değilsin. Senin için mümkün olanlara bak. Sosyal medyadan ne haber? Bir blog başlat, git bir radyoda konuş, Facebook'a geç, Twitter'a geç. Ne gerekiyorsa onu yap. Telekonferans yap. Her nerede olursan ol işini genişletmek için bugün neyi kurup yerleştirebilirsin?

Karar ve gerekçeleri kullanmayın. Soru sorun:

+ **Hangi kısıtlamaları yarattım?**
+ **Gerçekten hoşuma ne giderdi?**
+ **Burada neyi değiştirmek zorundayım —ve değiştirebilir miyim?**
+ **Neyi seçebileceğim başarıdan daha değerli kılıyorum?**

Seçim farkındalık yaratır.

Burada Kendim İçin mi Bir Seçim Yapıyorum?

Kanada'dan İsviçre'ye taşınmış bir sanatçı ile konuşmuştum. Bir stüdyo/galeri açacak bir yer arayışındaydı. Yürüyerek ya da bisikletle ulaşabileceği bir yer arıyordu ve çok hoşuna giden bir yer bulmuştu. Evinden sadece iki dakika uzaklıktaydı. Arkadaşları, " Burası ev olarak kullanılmaya yatkın bir bölge. Seni burada hiç bir kimse bulamaz. Hiç kimse senin sanat eserleri görmeye veya derslerine katılmaya gelmez."

O bana "Ben daha iyisini biliyorum ama her ne zaman onların söylediklerini düşünsem kafam karışıyor." dedi.

Ben de ona "Gerçek, sen bu insanların büyük bir ihtimalle işe yaramayacak bakış açısını mı satın aldın?" diye sordum.

Cevabı "Evet ." oldu.

Birlikte biraz temizlik yaptıktan sonra, kendisine güvenebileceğini gördü. "Geçmişte daima rahatlıkla çalışabileceğim bir alan yarattım ve her zaman da başarılı oldum. Asla hiç kimseye yaptıklarım hakkındaki fikirlerini sormadım ve bunu yapmaya şimdi de ihtiyacım yok." dedi.

Kendiniz için seçim yaptığınızda, her şey yerli yerine oturacaktır. Kendinize karşı veya başkası için seçtiğinizde birşeyler tahrip olmaya başlar. Sorun:

+ **Burada kendim için mi seçiyorum?**
+ **Burada iş için mi seçim yapıyorum?**
+ **İş neye ihtiyaç duyuyor?**
+ **Ben neye gereksinim duyuyorum?**

Yakın zamanda bildiğim bir iş pek de iyiye gitmiyordu. İşin sahibi üç kişi kökten bir şeyin değişmesi gerektiğini biliyorlardı. Bunlardan iki tanesi, zararına dahi olsa işi tasfiye etmenin yada satmanın yollarını araştırıyorlardı. Üçüncü sahip ise," Ben bu şirketi büyüteceğim! Bu iş yürüyebilir." diyordu. O kendisi için seçti ve işteki her kim ne derse desin o talepte bulundu, işi başarılı hale getirecekti. Başkalarının bakış açısını satın almaya istekli değildi. İşinin ve hayatının lideri olmaya gönüllüydü. Onun işin devam etmesi talebi, daha başka bir alan ve olasılıklar açtı. Üç hafta içerisinde işler yoluna girmeye başladı. İş daha fazla sipariş almaya ve para gelmeye başladı. Bu adam kendi için seçmişti, başkalarının, onun neyi oluşturup yaratabileceğine dair bakış açılarını bildiklerinden daha değerli yapmamıştı. Başkalarının düşündüklerine dayanarak, kaç defa kendinizi durdurdunuz? Başkasını sizden daha değerli yapmak sizin işinize yaradı mı?

Başkalarının Bakış Açısını Satın Almak

Aramızdan birçoğumuz başkalarının iş ve para hakkındaki tavırlarını benimsemiştir. Diyelim ki, ana babanızın küçük bir işi var olsun ve onların bakış açısı "Bir yaşam oluşturabilirsin, ancak asla zengin olamazsın" olsun. Veya onlar hep bir iş sahibi olmanın ne kadar zor bir şey olduğundan şikayet ediyor olsunlar. Burada her şey iş hayatında olmanın yarattığı dram ve travmadan ibarettir. Bu bakış açılarının geçerliliğini sorgulamadan alıp kabul etmiş olabilirsiniz. Ya da sizin endüstrinizdeki kişilerin nasıl işlediklerini seyretmiş olabilir ve referans noktalarınızı, onların işleri yürütme şekillerine dayanarak yaratmış olabilirsiniz. Onların bakış açılarını veya tavırlarını farkında olmaksızın benimsemiş olabilirsiniz.

Asya'dan ticari mal ithal ederken, insanlar bana çok uzun iş saatleri gerektiren bir iş seçtiğimi ve çok çalışmak zorunda kalacağımı söylemişlerdi. Bu aslında plajda geçirdiğim zamanlar göz önüne alındığında çok eğlendiriciydi. Bir şeyleri daha farklı yapabileceğimi biliyordum. Neyse ki o bakış açılarının hiçbirini satın almamıştım. Eğer başkalarının bakış açılarını almış olsanız bile, bütün bunların yaratımını yıkıp iptal edebilirsiniz. Bunu nasıl mı yaparsınız? Temizlik cümlesini kullanarak!

Aileniz, arkadaşlarınız veya iş ortaklarınız size hem mülti milyarder olup hem de herşeye aynı anda sahip olamayacağınızı mı söylüyorlar? Onlar size asla beceremeyeceğinizi veya başaramayacağınızı mı yansıtıyorlar? Yada gereğinden fazla işiniz veya projeniz olduğundan mı bahsediyorlar? Bu bakış açılarını satın almak zorunda değilsiniz! Her şeye sahip olabilir, başarılı olabilir, becerebilir ve istediğiniz kadar çok işe ve projeye sahip olabilirsiniz! Sözüme güvenin, bunu yapabilirsiniz. Kendi realitenizi ve işinizi kendiniz yaratırsınız.

İş Sizin İçin Ne Anlam İfade Ediyor?

İşin Neşesi seminerlerini fasilite ettiğimde, katılımcılara sık sık "İş sizin için ne anlama geliyor?" veya "Sizin için iş nasıl görünüyor?" gibi sorular soruyorum. "Cevaplarınız için kafanızı patlatmaya gerek yok. Sadece aklınıza geldikçe, kulağa ne kadar delice geliyor olursa olsun, söyleyin gitsin. Bunlar sizi kısıtlamakta olan bakış açılarıdır." derim.

Yakın zaman önceki bir seminerde "Eğer para kazanmış olsanız neler olurdu?" diye sordum. Bir kadın "Dibine kadar huysuz biri olurdum ve insanları öldürmek isterdim." derken, bir diğeri ise fikrini "Ben o uzun gelincik çiçeği olurdum ve bu da beni aslında korkutuyor. Kafamın koparılacağından korkuyorum." şeklinde ifade etti, bir başkası ise " Özgür olurdum!" cevabını verdi. Eğer hayatında para olacak olursa özgür olacağına karar vermişti - ya zaten özgürsek? Cevaplar ifade edildikten sonra, ben bu kez onlardan cevaplarını yıkıp, iptal etmelerini istedim. Bu kişiler için hayatlarında ve işlerinde temel değişiklikler ve farkındalıklar sağlayabilecek bir şeydir

Bunu kendiniz deneyin ve görün. İzleyen sorunun cevabını aşağıda sıralayın :

İş sizin için ne anlam ifade ediyor?

1. _____
2. _____
3. _____
4. _____
5. _____
6. _____

Bununla ilgili var olan herşeyi godzilyon kere yıkıp yaratımını
iptal etmeye gönüllü müsünüz? Right, wrong, good and bad, POD
and POC, all nine shorts, boys and beyonds.

Burada Kim Oluyorum?

Bu çalışmayı yaptığımız bir gün kadın bir katılımcı, "İfade ettiğim bakış açılarının önemli bir çoğunluğunun bana ait olmadığının farkına vardım. Onlar benim değil babamın bakış açıları. Kendimi babama dönüşürken görüyorum. Ondan nasıl ayrılabileceğimi bilmiyorum." dedi.

Ona "Babandan nasıl ayrılacağını mı bilmiyorsun, yoksa aslında gerçekten senin kim olduğunu mu bilmeye gönüllü değilsin?" sorusunu yönelttim. Daha sonra da "Eğer para ve iş hakkındaki bakış açılarının, aslen babanınkiler olduğunu far-kediyorsan, iş veya para ile uğraştığı her zaman *"Burada kim oluyorum?"* diye sormasını tavsiye ettim.

Bunu annesiyle yapan birini tanıyorum. Annesi gibi olmak istemiyordu ancak komedi olan, aynı annesi gibi olmaya başlamıştı. Yukarıdaki soruyu günlerce kullandı. Birşey yapıyor ve arkasından şunu soruyordu. "Burada kim oluyorum?" "Ah! Annem oluyorum". Bunu yıkıp yaratımını iptal etti ve bunun değişmesi için talepte bulundu ve değişti. Şöyle söyledi: "Artık kim olmam, ne yapmam, neye sahip olmam ve ne yaratmam gerektiğine dair annemin bakış açılarını satın almıyorum".

"Babamın yaptığı gibi iş yapmak istemiyorum." iddiasında bulunduğunuzda, aslında istemediğiniz durumu çağırırsınız. Çünkü bunun nedeni "istemek ('want')" kelimesinin orijinal anlamının eksikliğini hissetmek demek olmasıdır. "Babamın yaptığı gibi iş yapmanın eksikliğini hissetmiyorum." veya "Babamın yaptığı gibi iş yapma bolluğum var!" demektesiniz.

Sözcükleriniz sizin realitenizi yaratır. Eğer bir şeyi istemediğinizi söyleyip durursanız, tahmin edin bakalım ne olur? Onu yaratıyor olursunuz! Onun yerine "Burada kim oluyorum?" sorusunu kullanın ve babanızın (veya bir başkasının) bakış açılarını satın aldığınızı fark ettiğinizde onu yıkıp yaratımını iptal edin.

Kendiniz İçin Seçim Yapma Pratiği Yapın

Kendiniz için seçim yapma pratiği yapın. İlk önce küçük şeylerden başlayın. Sorun:

* **Kendimden başka birisi için seçtiğim bir şeyler var mı?**
* **Gerçek, burada neyi seçmek isterdim?**
* **Gerçek, bu seçim bana hafif geliyor mu?**

Eğer gerçekten de kendiniz için seçiyor olsaydınız, işiniz ve hayatınız neye benzerdi? Herşeyde bilincin olmasından bahsediyorum: işinizde bilinç ve günlük hayatınızda bilinç. Bir başkasının bakış açıları nedeniyle hayatınızı, yaşantınızı, realitenizi ve işinizi kısıtlıyor musunuz? Bunu değiştirmenin ve sizin işinize yarayacak olanı bulmanın zamanı şimdi mi? Yaşama ve iş yapma macerasına hoş geldiniz.

Bu Kime Ait? Bu Benim mi?

"Bu kime ait? Bu benim mi?" soruları sizi, hissettiğiniz duyguların veya aklınızdan geçenlerin size ait olmadığının farkındalığına davet eder. Bu soruların önemini yeterince güçlü bir şekilde vurgulayamam. Neden mi? Çünkü o hislerin, düşüncelerin ve duyguların %99'u size ait değildir de ondan.

Melbourne'de Access Consciousness seminerleri vermek için bir arkadaşımın evinde kalıyordum. Bir Pazartesi sabahıydı. Izdırapla hareket ediyor ve kendi kendime " İşe gitmek zorunda olduğuma, bunu yapmak zorunda kaldığıma inanamıyorum. Bunu yapmak için gitmek zorunda kaldığıma inanamıyorum. Bunu yapmak zorundayım. Trene binmek zorundayım." Birden bire "Bir saniye dur bakalım! Benim trene binmeme gerek yok ki! dedim ve şu Access aracını kullandım:

+ **Bu kime ait?**

Bu düşüncelerin, hislerin duyguların benim dahi olmadıklarının idrakine vardım. Bir Pazartesi sabahı kalkıp işe giderken ayaklarını sürüyen her bir kişiye aittiler. Bu soruyu sorar sormaz, yapmakta olduğum işi ne kadar çok sevdiğimin farkındalığını algıladım. Aniden çok daha fazla enerji, kendi benliğimin hissi, kolaylık ve neşe ile doluverdim.

Eğer bir toplantıya giderken kendinizi sinirli, kaygılı ya da rahatsız hissediyorsanız sorun "Bu kime ait?" masanın başında oturan CEO'ya ait olabilir. Yönetim Kurulu'nda oturmakta olan bir direktöre de ait olabilir. Sizin yanınızda oturan bir çalışma arkadaşınıza da ait olabilir. Bunun kime ait olduğunu bulmak zorunda değilsiniz. Bütün yapmanız gereken onların size ait olmadığının farkındalığına sahip olmanızdır,. Daha önce de söylediğim gibi, o hislerin, düşüncelerin ve duyguların %99'u size ait değildir.

İşte size hayatınızı değiştirecek bir çalışma. Önümüzdeki üç gün boyunca aklınıza herhangi bir duygu, düşünce veya his geldiğinde "Bu kime ait?, sorusunu sorun.

Soruyu sorduğunuzda, o hissin hafifleyip bir şeylerin değiştiğini farkedebilirsiniz. Bu da o hislerin, düşüncelerin ve duyguların daha en başından size ait olmadığının göstergesidir.

Bu meydana geldiğinde hayatınızda ve işinizde gerçekten neyi, oluşturup yaratmayı arzu ettiğiniz hakkında daha büyük bir farkındalık edinirsiniz. Hatırlayın, eğer hafif hissediyorsanız o gerçektir. Eğer ağır geliyorsa o bir yalandır.

Ne zaman kendiniz için seçecek olursanız,
daha fazla olan bir şey meydana gelir.

Capitolo 20

Gizli gündemleri değil
farkındalığı seçin

Gizli gündemler, bilincinde olmadan vardığımız kararlar veya sonuçlardır. Örneğin, işte bir şeyler yapmış olabilir ve "Bunu bir daha asla yapmayacağım" kararını vermiş veya belirli bir iş alanında çalışmış "İşler aynen böyle yürümeli. İş aynen böyle görünmek zorunda." sonucuna ulaşmış olabilirsiniz. Bu kararları hayatınızın daha önceki noktasında yapmış olabilirsiniz, ancak çoğunlukla daha önceki yaşamlarda alınmışlardır.

Örneğin, daha önceki bir yaşamınızda bir ressamdınız. Resimlerinizi yaratmayı seviyordunuz, fakat yaşamanıza yetecek kadar parayı asla kazanamadınız. O kadar zavallı bir yaşantınız oldu ki sizi desteklemediği için asla bir daha sanatla uğraşmayacağınıza karar verdiniz.

Daha sonrasında da sıra bu yaşama geldi ve tahmin edin? Aşırı derecede sanatın cazibesine kapılmaktasınız. Resimleri, heykelleri seviyorsunuz ve bir sanat galerisinde harika bir işe sahipsiniz ancak hiç bir şey satamıyorsunuz çünkü gizli bir gündeminiz var. Sanatın sizi destekleyemeyeceğine karar vermiştiniz.

Ya da daha önceki hayatınızda bir şey yaratmak için cömertçe fonlandınız ve " Bu işe yaradı. Ben bunu tekrar yapacağım!" kararını verdiniz. Bu hayatınızda da benzer bir şey yaratmaktasınız ve fonların da benzer bir şekilde ortaya çıkmasını beklemektesiniz. Paranın niye halen ortaya çıkmadığını anlamamaktasınız. "Paralar nerede? Daha önce işe yarayan şeyi yapıyorum, fakat para bulamıyorum. Ne oluyor?" dersiniz. Ve daha sonra para ortaya çıkmadığında, ne yaparsınız? Kendinizi yargılarsınız çünkü para ortaya çıkmamıştır.

Ya da bir işe sahip olmayı arzu edersiniz ve size bir kadın olduğunuz için iş dünyasında yeriniz olamayacağı söylenmiştir. Kendi şirketinize sahip olmaya can atarsınız, fakat bir türlü başlayamazsınız. Sizi ne alı koymaktadır? Farkında olmayabilirsiniz ama size yönlendirilmiş olan yansıtmaları ve yargıları satın almış ve bir kadının iş dünyasında başarılı olamayacağına karar vermiş olabilirsiniz. Bir başka deyişle, gizli bir gündeminiz vardır. Belki bu hayatınızın daha önceki, bir devresinden belki de daha önceki bir hayatınızdan geliyor olabilir. Farketmez. Gizli gündemler bizi kısıtlarlar ve biz onları o kadar iyi gizlemişizdir ki onların ne olduğunu biz bile doğru dürüst bilmeyiz. Neyseki, eğer onları yıkıp yaratımını iptal etmeye gönüllüyseniz, onlarla başa çıkmak o kadar da zor değildir.

Sizin Gizli Gündeminiz Nedir?

Eğer işinizde bir şeyler yolunda gitmiyorsa, oralarda bir yerde gizli bir gündem maddesinin (bir sonucun veya yargının) olup olmadığını sorabilirsiniz.

Değiştiremediğim, seçemediğim veya kurup yerleştiremediğim herşeyi sürdüren hangi gizli gündemleri yarattım? Bununla ilgili var olan herşeyi godzilyon kere yıkıp yaratımını iptal ediyorum. Right and wrong, good and bad, POD and POC, all nine, shorts, boys and beyonds.

*Gizli bir gündemi değiştirme gücü olan
sizsinizdir. Bu sizin seçiminizdir. Sizden başka
hiç kimse bunu sizin adınıza yapamaz.*

İşinizdeki Gizli Gündemler

Bazen iş sahipleri potansiyel anlaşmazlıklar, çatışmalar veya sorunlardan duydukları endişeler nedeniyle işe yeni kişiler veya ortaklar almaktan çekinirler. Bu sizin de kafanızı kurcalayan bir şey olabilir mi? Ya o kişiyle anlaşamazsanız? Ya uyumlu değilseniz? Ya o kişinin sizin gizli gündeminizle çelişen bir gizli gündemi varsa?

Eğer bir işiniz varsa, gizli bir gündeminizin olup olmadığını bulmanız gerekir. Sorun:

+ **Benim işimle ilgili gizli gündemim nedir?**

Ve eğer işinizde bir başkası ile beraber çalışıyorsanız (ya da bunu aklınızdan geçiriyorsanız); size önerim o kişinin gizli bir gündeminin olup olmadığını bulmanızdır. Sorun:

+ **Onun benimle olan gizli gündemi nedir?**
+ **Onun işimle ilgili olan gizli gündemi nedir?**

Bu insanı tartışmanın içine getirmenize gerek yoktur. Bu sadece sizin farkında olmanız gereken bir şeydir o kadar. Ben bu soruyu beraber çalıştığım, insanlar hakkında sorarım, bu bana bilgi vererek farkındalığımı artırır. Her sorunun sonunda temizlik cümlesini kullanmak farkındalığınızı daha da artıracak ve seçimleriniz hakkında daha da büyük berraklık sağlayacaktır.

Örneğin, iş ortağınızın büyük bir işkadını olarak tanınmak istediğini keşfedebilirsiniz. Onun arzu ettiği şey bu. Eğer onun gizli gündemi sizin de işinize geliyorsa, şirketinize katkıda bulunacaktır. Öyleyse, şunu sorarsınız: " Onun büyük bir iş kadını olarak tanınması için ben nasıl katkıda bulunabilirim?" Eğer yılın iş kadını adayı olarak gösterilmiş ise "Mükemmel! Ben buna nasıl katkıda bulunabilirim?"diye sorabilirsiniz. Eğer cehennemden gelen rekabetçi bir kahpe olmakta karar vermiş iseniz, o zaman da " Ne diye ben aday gösterilmedim ki? Ben aday olmalıydım!" diyebilirsiniz. Bu neyi yaratırdı? İşinize katkı olmaktan çok, onu tahrip etmeye başlardı. Eğer ortağınızın gizli gündemine katkıda bulunmak işinize katkıda bulunacaksa, ortağınız başarılı olduğunda siz de başarılı olacaksınız demektir.

Diyelim ki ortağınız muhteşem bir bağlayıcı ve yıldız olmaya can atıyor. Gerçekten ünlü olmayı çok istiyor. Bunun sizin işinize katkıda bulunup bulunmayacağını ortaya çıkarın. Belki size işinizi büyütmekte yardımcı olacak bir takım harika kontaklar ile buluşturacaktır! İnsanların gizli gündemlerinin farkında olduğunuzda, onların hareketlenmelerine katkıda bulunursunuz ki bu da daha sonra şirketinize katkıda bulunur. Sadece soruyu sorun:

+ **Ben nasıl katkıda bulunabilirim?**

Eğer iş ortağınızın veya çalışanınızın gizli gündemi sizin işinize gelmiyorsa, onların işinize gerçekten katkıda bulunup bulunmadığını ortaya çıkarın. Onların gizli gündemleri şirketi imha ediyor mu? Bunu bildiğiniz anda daha fazla bilginiz ve farkındalığınız olur. Onların karanlık sırlarından birisini biliyorsunuz. Eğer onların gizli gündemleri birşeylere zarar vermiyorsa sorun "Ben bunu nasıl kullanabilirim?" bunu nasıl kullanabileceğiniz hakkında bugün bir netliğe ulaşamayabilirsiniz, fakat bu bir ay ya da bir yıl içinde ortaya çıkabilir. Hatırlayın siz ne kadar farkında olursanız o kadar çok bilgi sahibi olursunuz.

Birisiyle Anlaşmazlığa mı Düşüyorsunuz?

Birlikte çalıştığınız birisi ile anlaşmazlığa düşüyor veya problem yaşıyorsanız, aşağıdaki soruları sormayı ve ortaya her ne çıkıyorsa onun da, temizlik cümlesini kullanarak, yıkıp yaratımını iptal etmek isteyebilirsiniz.

+ *... ile hangi gizli gündemim var?*
+ *... benimle ile hangi gizli gündemi var?*
+ *... iş ile hangi gizli gündemi var?*
+ *...iş ile hangi gizli gündemim var?*

Başarı: Bir Pireden Daha Yükseğe Sıçrayabilir misiniz?

Uzun bir zaman önce, pireler ile bir deney yapılmıştı. Araştırmacılar pireleri saydam cam kutuların içine koymuşlardı. Pireler bu kutuların dışına sıçramaya çalışıyorlardı ve cam tavana çarpıp yere düşüyorlardı. Ne kadar yükseğe sıçrarlarsa sıçrasınlar dışarıya çıkamıyorlardı. Araştırmacılar en sonunda cam tavanları kaldırdıklarında, pirelerin halen aynı yüksekliğe sıçramaya devam ettiklerini gözlemlediler. İmkan dahilinde olmasına rağmen onlar cam tavanları kaldıramamışlardı. Sizce de bu ilginç değil mi? Acaba siz de üstünden aşıp gitmek istemediğiniz, kendi cam tavanınızı yaratmış olabilir misiniz? "Ana babamdan, kardeşlerimden veya arkadaşlarımdan daha fazla başarılı olamam." kararına mı vardınız. Veya "bunu yapamam çünkü kadınım veya erkeğim, ya da çok genç veya çok yaşlıyım." Bütün bunlar sizin değiştiremeyeceğiniz şeyleri sürdüren gizli gündemlerdir.

Ona sahip olmanın çok rahatsızlık verici olduğuna karar verdiğiniz bir para miktarı var mı? Bu da bir başka gizli gündem maddesidir. Bunu değiştirmenin bedeli nedir? Çok uzun zaman boyunca borç içinde yüzdükten sonraki dönemde, bilgisayarımın başında oturuyor ve faturalarımı ödüyordum. Banka hesabıma bir göz attım ve " Vay canına! Artık hiç borcum kalmamış!" dedim. Kredi kartlarımın borçları ödenmişti, iş hesabımda para vardı, tasarruf hesabımda param vardı. Kendi kendime "Demek borç içinde yüzmemek böyle bir hismiş. Bando mızıka nerede? Ya havai fişekler?" diye sordum. Borçsuz olmanın çok büyük bir şey olduğunu sanmıştım ve aslında değildi. Oysaki bu "Oh, şimdi param var. Borcum yok." demek kadar basitmiş.

Bir ay kadar sonra, hesaplarıma baktım ve tekrar borçlanmış olduğumu gördüm. " Ne oldu burada?" diye sordum. Para sahibi olmaktansa borç içinde olmayı daha rahat bulduğumu farkettim. Benim cam kutumun tavanı alınmıştı ancak ben halen duvarları aşmaya yetecek kadar yükseğe sıçramıyordum. Sorular sorarak ve temizlik cümlesini kullanarak, daha farklı bir şeyi seçtim. Talepte bulundum "Her ne pahasına olursa olsun, banka hesabımda param olacak. Daha önce mümkün olduğunu hayal ettiğimden çok daha fazla param olacak." Ve ortaya çıkmaya başlayan da bu oldu.

Hayatınıza ve sahip olduğunuz veya olmadığınız, paralara bir göz atın. Kaç kere paradan çok ödeyecek faturalarınız oldu? Hiç yeterince oldu mu? Gizli bir gündemden işliyor olabilir misiniz? Etrafınızdaki herkes gibi, ipotek karşılığı krediyle ev almak, iş kredisi almak ve kredi kartı borcuna yüklenmek konusunda anlaştınız mı? Normal, averaj ve gerçek birisi mi oluyorsunuz? Cam kutunun dışına sıçramaktansa, aynen başkaları gibi olmak size daha mı rahat geliyor?

Gerçekten olduğunuz gibi tamamen farklı biri olmak ve toplam farkındalıktan işlemeye gönüllü olur muydunuz?

Eğer toplam farkındalıktan işlemeye gönüllü olursanız, işiniz değişecektir.

21. Bölüm

İnsanlar neye gereksinim duyar?

Hindistan'dan mal aldığım zamanlarda, çoğunlukla kadın olduğum için zorluklarla karşılaştım. Birçok hintli erkek, bir kadınla iş yapmaktan rahatsızlık duyuyor ve en acayip sözleri sarfediyorlardı. Asla başarılı olamayacağımdan oldukça emindiler ve biz evlenmeden seks yaptığımız için beyaz kadınları elde etmenin hmmm nasıl desem... sadece "kolay" diyelim, olduğunu sanıyorlardı. Dolayısıyla ben de onlarla iş yapabilmek için ne gerekiyorsa onlara dikkat ettim. Ne giydiğime, ne söylediğime ve nasıl iş yaptığıma dikkat ettim. Onlar paranın bende olduğunu, mal almak istediğimi anladıkları zaman, gururlarını yutup, benimle nazik bir şekilde ilgilenerek, bana dünyadaki en tatlı çayları sunmaya başladılar. En sonunda, daima gül gibi geçinip gittik. Ben tepki ve dirençten işlemeden, farkındalıktan ve gereksinim duyduklarımı elde edeceğimi bilerek; onların neye gereksinim duyduklarını algılamaya ve onları teslim etmeye gönüllüydüm. Bütün bunlar, işin neşesi olmanın eğlencesi ve manipülasyonun birer parçasıdırlar.

Ara sıra Amerika ve Avustralya'da da kadınlarla beraber iş yapmakta rahat olamayan erkeklerle de karşılaşırım. Bununla ilgili herhangi bir bakış açım yok. Eğer bir erkek sadece ben kadın olduğum için benimle iş yapmaktan rahatsızlık duyuyorsa, onu rahatlatmak için elimden gelen her şeyi yaparım. Bu tamamen insanların gereksinim duydukları şeyleri bulmakla ilgilidir. Bir süre önce, Los Angeles'da erkek bir iş ortağımla bir iş toplantısına gittik. Buluştuğumuz adam kadınlarla iş yapmaktan rahatsızlık duymayacağını üç ayrı zamanda ifade etti.

Toplantı sonunda oradan ayrılırken, ortağıma dönüp "Bu adamın kadınlarla iş yapmaktan hoşlanmadığını anladın değil mi?" dedim. "Hayır", dedi, " Bana öyle gelmedi."

Ben de "Eğer kadınlarla beraber çalışmak ile herhangi bir problemin yoksa bunu üç kere dile getirmek zorunda değilsin. Hiçte söylemene gerek yoktur. Tamam. Burada üstün durumda olan biziz, çünkü neyin gerektiğini biliyoruz. Onu kullanacağız. Şu andan itibaren o senin kontağın."dedim.

Görgü Kuralları Nelerdir?

İş kontaklarınızın ne istediklerini bilmek önemlidir, özellikle başka ülkelerde ve başka kültürler ile çalışıyorsanız. İnsanların ve kültürlerin gereğinin neler olduğuna bakmaya gönüllü olun.

Kısa bir süre önce bir iş arkadaşımla beraber Kore'de bir günlük bir iş gezisi yaptım. Kore'de insanların iş yaparken çok dostane bir ilişki yaratmaktan hoşlandıklarını öğrendim. Arkadaşları olduğunu düşündükleri kişiler ile çalışmaktan hoşlanıyorlar, dolayısıyla biz de potansiyel bir müşteriye çok cana yakın bir şekilde yaklaştık. Toplantımızdan sonra, one hemen nazik bir elektronik posta gönderdim ve bizimle buluştuğu için teşekkür ettim. Bu adam ile arkadaş olmak benim için önemli miydi? Hayır. Ancak eğer o dostane bir iş ilişkisi arzusundaysa ben onu sağlayabilirim. Kore'liler ayrıca kısa süreli sık toplantı yapma eğilimindeler. Düzenli aralıklarla buluşmak, arayı açmamak arzusundaydılar, dolayısıyla biz de böyle yapmaya gönüllü olduk.

Koreli müşterimiz ile toplantıdayken, hapşırdım. Koreli adam bana bakıp nazik bir şekilde "Çok yaşayın!" dedi.

"Teşekkür ederim." diyerek karşılık verdim ama enerji rahatsızlık veren bir hal aldı. Kendi kendime "Vay be ne biçim bir enerji ortaya çıktı böyle!" diye içimden geçirdim.

İş ortağım, daha önce Koreliler ile hatırı sayılacak kadar çok iş yapmıştı, dolayısıyla toplantıdan sonra ona " Ne oldu orada öyle?" diye sordum.

Bana "Kore'de topluluk içinde hapşırılmaz!" karşılığını verdi."Nasıl olur da hapşırmazsın?" diye sordum. "Sadece yapmazsın. Çok büyük kabalık olduğu düşünülür!"

İş yaptığınız yerlerdeki görgü kurallarının ne olduğunu bilmeniz gereklidir. Görgü kuralları ve davranış standardları ülkeler arasında büyük değişkenlik gösterir. Hindistan'da, örneğin, yola tükürmek olağan iken, Singapur'da bu hareketiniz nedeniyle 200$ cezaya çarptırılabilirsiniz. Fransız ve İtalyanlar iki yanağı öperek selamlaşırken, İngiliz ve Amerikalılar tokalaşır, Japonlar ise karşılıklı olarak eğilirler. İnsanlara bir kolaylık hissi verebilmek için neyin gerektiğini bilmeniz gerekir. Bunları bulmanın en kolay yolu soru sormaktır:

+ **Bu insanlar benden ne istiyorlar?**
+ **Onlar için onurlandırmak ne anlama gelir, benim için onurlandırmak ne anlama gelir?**
+ **İyi bir iş ilişkisinin meydana çıkabilmesi için burada hangi katkıda bulunmak zorundayım?**

Bir keresinde Hindistan'da 12 kişi ile birlikte bir iş toplantısındayken hiç hoşuma gitmeyen bir çay ikram ettiler. "Hayır teşekkür ederim. Hiç çay alamayacağım" demek de mümkün değil. Kabul etmek zorundasınız. Bu durumu çayı çabucak bir yudumda bitirip hemen ardından sundukları tatlılardan bir tane alarak idare etmeye çalıştım. Burada bilmediğim şey ise aslında bu davranışla çaydan çok hoşlandığım ve bir tane daha istediğim sinyalini veriyor olduğumdu, dolayısıyla fincanımı hemen doldurdular. Benim aslında yapmam gereken şey protokolün ne olduğunu bulup; yavaş yavaş yudumlamak olmalıydı! " Burada gerekli olan şey nedir?" diye sormalıydım.

Nepal'deki tedarikçilerimden bir tanesi beni onurlandırmak için büyük bir ziyafet düzenlemişti. Bir keçi kesildi; boğazını kestiler ve akan kanı bir kasede topladılar. (O zamanlar oldukça vejetaryendim!) Keçinin en lezzetli yerinin yağı olduğu düşünülüyordu ve yağı kavurduktan sonra taze sağılmış ılık keçi sütünün içine koyarak sunuyorlardı. Aklımdan "Herhalde benimle dalga geçiyorsunuz!" diye geçirdim. Onları gücendirmemek için, onların hediyesini kabul etmek zorundaydım. Ilık sütü içip, yağları da yedim. O zaman benimle seyahat etmekte olan bir arkadaşım tüm olan bitenleri kameraya alıyordu ve aklımdan tam olarak neler geçtiğini bildiği için büyük bir keyif duyuyordu. Ancak, benim farklı kültürlerde neyin gerektiğinin; maceranın, işin neşesinin ve yaşamanın bir parçası olduğu bakış açım var.

Nasıl Giyinmelisiniz?

Neyin gerektiğini bilmek nasıl giyindiğiniz konusuna da uygulanacak bir ilkedir. Katıldığınız her iş toplantısında, bunun nerede olduğu farketmez, nasıl giyinmeniz gerektiğine dair bir beklenti vardır. Onların sizi ve işinizi alıp kabul etmeye gönüllü olmalarını sağlayacak yargıyı sağlamak için ne gerekir? Örneğin, bugünlerde görenekler değişmekle beraber, Hindistan'da iş yaptığım zamanlarda, kadınlar omuzlarını, dizlerini ve dirseklerini göstermezlerdi. Göğüs dekoltesini asla göstermezlerdi ama karın bölgelerini göstermeleri kabul görürdü. Bu görenek ve beklentilere daima dikkat etmişimdir.

Bir iş toplantısına gitmeden önce, bu ne giyebileceğinizi bildiğiniz bir batı ülkesinde olsa bile, o şirketin kültürü hakkında bilgi edinin. Oradaki kişiler nasıl giyiniyorlar? Ne gerekiyor? Yüksek topuklu ayakkabılar gerekli mi? Takım elbise ya da kravat gerekir mi? Pırlanta mı, inci mi daha uygun düşer? Bana büyük bir Avustralya havayolu şirketinin hosteslerin seçimi sırasında; adayların ayağa kalkıp kendi etraflarında yavaşça dönmelerini istedikleri ve bu arada kadının ayakkabılarının topuklarına baktıkları söylenmişti. Onları bakış açısı, eğer bir kadının ayakkabılarının topukları yırtık pırtık değil de, bakımlı ise o kadının kendine özen gösteren bir kadın olduğu şeklindeydi. İş için iyi bir aday olduğu anlamına geliyordu. Görünüşte bu kadar ufak görünen şeyler insanların sizinle bağlantı kurma şekillerinde büyük bir fark yaratabilir. Her nereye gidiyor olursanız olun, neyin gerektiğini bulmanız sizin ve işiniz için başarı yaratıp oluşturacağı için şarttır.

İnsanlarla enerjetik bir bağlantı kurun
ve o bağlantıyı devam ettirin.

22. Bölüm

Enerji ile manipülasyon

Bazen benim verdiğim İşin Neşesi seminerlerinde, insanlara "Aranızda kaçınız bir çeşit satış işinde acaba?" diye sorarım. Bir takım eller havaya kalkar ve ben daha sonra da " Aslında hepinizin ellerinin havaya kalkması gerekir, çünkü tüm işler satış ve insanlarla bağlantı kurmak üzerinedir." derim. Sizin işiniz, her ne olursa olsun farketmez, insanlar ile bağlantı kurmaya ve onlara sizin ürün ya da hizmetlerinizi satmaya dayanır.

Enerji Çekmek

İnsanlar ile bağlantı kurmak, daha fazla müşteri edinmek ve daha fazla satış yapabilmek için kullanabileceğiniz araçlardan bir tanesi enerji çekmektir. Enerji çekmek, enerjetik olarak insanlara erişerek, onların sizinle, ürünlerinizle ve hizmetlerinizle ilgilenmesini sağlamanın bir yoludur.

İşte onları kullanmanın örnekleri:

+ **İşinizin, projenizin, ürününüzün, hizmetinizin veya genişletmek istediğiniz her ne ise onun enerjisini algılayın.**
+ **Hatırlayın: siz o değilsiniz! O bambaşka bir varlıktır.**
+ **İşinizin içine muazzam miktarda enerji çekin. Bunu nasıl mı yaparsınız? Sadece yaparsınız!**
+ **Daha sonra da dünya üstündeki herkesden muazzam**

miktarda enerji çekin, işinizi arayan insanlardan ve arayıp da aradıklarının farkında dahi olmayan insanlardan enerji çekmeye devam edin. Muazzam miktarda enerji çekmeye devam edin.

* Şimdi de işinizden o enerji akımını dengelemek için ufacık enerji akımlarını dünya üstündeki herkese geri göndermesini isteyin.

* İşinizden size parayı göstermesini isteyin. İşinizin büyüyüp genişlemesi için yeni müşterilerin ve alıcıların ortaya çıkmasını isteyin.

Enerjiyi çekin dediğimde neden bahsettiğimi bilmiyorsanız, o zaman dişiler ve erkekler arasındaki ilişkilere bakın. Bir erkeğin bir kızdan hoşlandığında, genellikle ona doğru enerji gönderdiğini hiç farkettiniz mi? Bir kız bir erkekten hoşlandığında ise çoğunlukla ondan enerji çeker. İşte bu kadar basittir.

Şarap bağları olan bir İtalyan çiftçi ile çalışmıştım. Kendi ürününü çok daha fazla sayıda şarap üreticisinin bilmesini arzu ediyordu. Ona enerjiyi nasıl çekebileceğini şöyle açıkladım "Yetişmekte olan üzümlerin ve onların yaratacağı lezzetli şarabın enerjisini al. Şimdi dünyanın her tarafından kendi şarap bağına enerji çek. Enerji akışının meydana geldiğini algıladığında, şarap bağından işine ve bağına katkıda bulunmakla ilgilenebilecek olan herkese küçücük enerji sızıntıları göndermesini iste."

Eğer bir hizmet sunuyorsanız da enerjiyi aynı şekilde çekersiniz. Diyelim ki bir masörsünüz. Bedenler için davet ettiğiniz özen ve beslenmenin enerjisini alın. Şimdi de dünyanın her tarafından kendi işinize enerji çekin ve işinizden beslenmek ve ihtimam görmek isteyen müşterileri davet etmesini isteyin.

Enerji çekimi aracını, sizi tanımalarını istediğiniz kişilerin dikkatini çekmek için de kullanabilirsiniz. Enerji çekimini potansiyel müşteriler ile toplantı yaparken, bir şeylerin müzakeresini yaparken veya bir giriş-seçme sınavına giderken kullanabilirsiniz. Diyelim ki bir şirkete teklifinizi sunmaya gidiyorsunuz. Toplantı sabahı uyanır uyanmaz, o toplantıya katılacak olanların hepsinden, müdürlerden, yönetim kurulundan, CEO'dan enerji çekmeye başlayın. Onların kim olduklarını bilmenize gerek yok. Siz ne zaman insanlardan enerji çekerseniz, bu onlarda bir güven duygusu yaratır. Daha sonra siz kapıdan içeri girdiğinizde de, onlarda sizi zaten daha önceden tanıyor oldukları algısı oluşur. Kontrol sizdedir. Onların tüm dikkati sizin üzerinizdedir. Siz onlarla zaten bir bağlantı yaratmış durumdasınız.

Enerji çekimi aracını, faturanızı ödemekte geciken bir müşteriniz için de kullanabilirsiniz. Size para borçlu kişilerden enerji çektiğiniz zaman, fakat aniden, artık sizi artık aklından çıkaramaz hale gelirler. Oldukça kısa bir zamanda size olan borçlarını ödemek için bir çek yollayacaklardır. Enerji çekimi araçları manipülasyon mudur? Evet öyledir. Eğer enerji yoluyla manipüle etmek istemiyorsanız, en sonunda manipüle edilen siz olursunuz.

Gereken Şeyin Enerjisine Bakmak

Satış yapmak, sözleşme müzakeresinde bulunmak veya anlaşmayı tamamlamak sıklıkla sizin enerji ile nasıl uğraştığınıza bağlıdır. Siz durdurulamaz İngiliz girişimci Sir Richard Branson'u hiç duydunuz mu? Aralarında Virgin Records ve Virgin Atlantic Airways'in de bulunduğu 400'den fazla şirketi var ve dünyanın dört bir yanında bir çok çevre ve insani yardım projesine dahildir ve bir çok harika kitap yazmıştır. 'Losing My Virginity', isimli otobiyografisinde Branson, "Benim hayattaki ilgim, kendime kocaman, görünürde başarılması imkansız hedefler koyarak onların da ötesine geçmeye çalışmaktan gelir." diyor.

Branson, potansiyel projelerin ve işlerin enerjilerine bakıyor ve bir şeyin olası olduğunu bildiği zaman, gayet basit bir şekilde hayır cevabını cevap olarak kabul etmiyor. Onun bir gramı dahi hayır cevabını yutmuyor. Hayır, cevabıyla hayal kırıklığına uğramıyor veya durmuyor. Ve aynı zamanda sonuca bağlı da değil. Branson bir hayır cevabını aldığında, basitçe tekrar soruyor. Eğer bir başka hayır alırsa, tekrar soruyor. Ve tekrar. O ayrıca kendine, "Neyi daha başka türlü yapabilirim?" veya " Evet cevabı alabilmem için benden neye gerek duyuyorlar?" gibi sorular da soruyor. Bu tarz bir yaklaşımla da oynamanız gerekir.

Branson neyi doğru yapıyor? Soru da yaşıyor. Sonuca bağlı değil. Ünlü olmaya, zengin olmaya, başarısız olmaya ve bütün bunları yaparken de bolca eğlenmeye de gönüllü. İşin neşesini yaşıyor.

İşin neşesi sizin için neye benzerdi?

23. Bölüm

Kadın mı yoksa erkek stiliyle mi iş yapıyorsunuz?

Bir iş yapmanın iki belirgin stili vardır: bir erkek stiliyle, bir de kadın stiliyle. İnsanların hangi beden içinde olduklarının önemi yoktur. Sıklıkla, bir erkeğin kadın stiliyle iş yürüttüğü gibi, bir kadının da erkek gibi iş yürüttüğünü gözlemlemek mümkündür. Bir erkeğin yöntemi direktir. Doğrudan sadede gelir ve bilgi alır veya verir. "Falan, filan.." der o kadar. Kadın stili ise konular hakkında uzun uzun konuşmaktır. Kadın işlerin nasıl yürüyebileceğini tartışmak ve proje hakkındaki duygularının neler olduğunu konuşmak isteyecektir. "Bunun hakkında neler düşünüyorsun?" diye soracaktır ve bu sorunun kendine sorulmasına da bayılacaktır.

Bir gün bir iş e-postası yazıyordum. Gary'de omuzumun üzerinden bakarken, "Bunu kime gönderiyorsun? Bir erkeğe mi yoksa bir kadına mı?" diye sordu. "Bir kadına." diye cevapladım.

Gary de bana " Ona bir erkekmiş gibi davranıyorsun. Ona sadece ihtiyacı olan bilgileri veriyorsun. Erkekler böyle işler. Onlar sadece "Bu işi yapabilir miyiz yapamaz mıyız?" ile ilgilidirler. Bir kadın ile daha farklı bir biçimde iletişim kurman gerekir. Onlar daha çok derinlemesine tartışmayı arzu ederler." cevabını verdi.

Ben genellikle bir erkek stiliyle iş yürütme eğilimindeyimdir ve arada sırada kendimi anlaşmazlık içinde bulduğum veya birilerini gücendirdiğim zamanlar da olur. Kafam karışır ve "Orada ne olmuştu öyle?" sorusunu sorarım ondan sonra da birisine onlar kadın stiliyle iş yapmak isterlerken onlara erkek stiliyle muamele yapmış olduğumu anlarım. Derhal onlara geri döner, nasıl olduklarını, hafta sonunda neler yaptıklarını veya yürütmekte olduğumuz projenin hakkında nasıl hissetmekte olduğunu sorarım. Ve bir şeyler derhal değişir.

Siz nasıl iş yürütmeyi isterdiniz? Kadın stilini mi yoksa erkek stilini mi tercih edersiniz? Beraber çalışmakta olduğunuz kişilere bakın. Onlar kadın stili ile mi yoksa erkek stili ile mi iş yapıyorlar. Bu bir yargı değildir. Bu bir doğruluk ya da yanlışlık meselesi değildir. Bu sadece sizin işinizde daha fazla kolaylık ve neşe ile yaratabilesiniz ve oluşturabilesiniz diye farkında olmanız içindir.

İş Dünyasında Bir Kadın mısınız? Bir Kaltak Olmak Zorunda Değilsiniz!

İş dünyasında bir kadın mısınız? İş yapabilmek için büyük, kötü, sert bir iş kadını olmak zorunda olduğunuzu mu düşünmüştünüz? Bazen kadınlar iş dünyasında başarılı olabilmek için cehennemden gelmiş kaltak bir zebani olmaları gerektiğini düşünürler. Hiçbir şey gerçekten bundan daha uzak olamaz! Kadınlar iş dünyasında büyük birer manipülatör olabilirler; işleri istedikleri yöne doğru yönlendirebilirler ve herkesi kendi fikir ve planlarının doğrultusuna getirebilirler. Birçok kez kadınlar bunun farkına varmazlar ve işleri kendi diledikleri yöne çekmek için berbat, baş belası birine dönüşmek zorunda olduklarını düşünürler. İşlerini yaptırtmak için aslında buna gerek yoktur. Sanki çetin cevizmiş gibi işleyen kadınları seyrettiğim zaman, içimden onlara " Eğer birazcık manipülasyon kullanıyor olsaydınız, işinizin ne kadar da kolaylaşacağını biliyor musunuz?" sorusunu sormak geçiyor. Bazı kişiler manipülasyona hilekarlık veya basbayağı dolandırıcılık olarak bakıyor olabilirler ve bunlar onun tanımının bir parçası da olabilirler. Fakat aynı zamanda durumu sanatkarane, kolaylıkla veya becerikli bir şekilde ele almak anlamına da gelir ki ben de aslen bundan bahsediyorum.

Geçen gün bir adama benim için bir şey yapıp yapamayacağını sordum. Kafamı birazcık yana eğerek ona göz süzerken kirpiklerimi birazcık kırpıştırdım, o da bana "Elbette! Sizin için herşeyi yapabilirim, özellikle de bana böyle bakmaya devam ettiğiniz sürece." dedi. Hanımlar bir şeyi biliyor musunuz? Bunu iş dünyasında da yapabilirsiniz. Bu yaklaşım, erkekler sizin onları manipüle ettiğinizi bildikleri zamanlar da dahi halen işe yarar. Bu şekilde herşey yanınıza kar kalabilir. Ve eğlencelidir de. (Erkekler bunu siz de yapabilirsiniz!

Kısa bir zaman önce bir kadın iki erkekle birlikte bir toplantıya katıldığını söylemişti. Toplantı onun için pekte iyi geçmiyormuş ki, onun bir kadın olarak arzu ettiklerini elde etmek için oynaması gereken rolü oynamayı reddettiğini farketmiş. Erkekler akıllı tiplermiş, birisi bilim adamı diğeri ise prodüktörmüş. "Sadece göğüs dekolteme atıfta bulunabilirim, gerçekte olduğum feminen kadını olabilirim ve arzu ettiklerimi elde edebilirim!" fikrinin farkına varmış. Birazcık göğüs dekoltesi ve enerji çekmek. Kesinlikle! Böylece arzu ettiklerini elde etmenin bu denli kolay olabileceğini ilk kez görmüştü.

İş Dünyasında Bir Erkek misiniz? Baş Komutan Olmak Zorunda Değilsiniz!

İş dünyasındaki birçok erkeğe baş komutan olmak zorunda oldukları öğretilmiştir. Erkekler toplum tarafından Çözüm Adam olmaya itilirler. He zaman için otorite olmak zorunda olduklarını düşünürler. Son 2000 yıldır, erkeklere emir vermeleri ve emirleri izlemeleri öğretilegelmiştir. Emirleri izleyen adamlar, otorite noktasına geldiklerinde, diğerlerine de emirleri izletmeye çalışırlar, çünkü onların yapmış oldukları şey budur. Bu adamlar keyfi kararlar verirler ve diğerlerinin de onlara söyleneni yapmaları beklentisi içindedirler. Bu yaklaşımdaki mesele bu günlerde, çok az insanın körü körüne izlemeye gönüllü olmasıdır. Zaten siz de sizi körü körüne izleyecek olanları istemezsiniz. Siz insanlardan katkıda bulunmalarını rica edersiniz. Gerçek girişimcilerin, birşeyleri gerçekten meydana getirenlerin, evrenlerinde daha fazla soru vardır. Onların yaklaşımı "Bu kişi neyi biliyor ve nasıl bir katkıda bulunabilir?" şeklindedir.

İş dünyasındaki bir kadın yada erkek olmaktan neşe ve kolaylık duymayı, reddettiğiniz her yeri yıkıp yaratımını godzilyon kere iptal eder misiniz lütfen? Right and wrong, good and bad, POD and POC, all nine, shorts, boys and beyonds.

Nasıl Olsa Biz Gerçekten Kadın veya Erkek Değiliz: Bizler Sonsuz Varlıklarız.

Birisinin kadın stiliyle mi yoksa erkek stiliyle mi iş yapıyor olduğunu bilmek harika bir araçtır. Eğlencelidir. Ve sizin insanlarla iş yaparken neye gereksinim duyduklarını görmenize izin verir. Ancak bu bakış açısının bir kısıtlama olmasına izin vermemek gerekir, çünkü siz iş dünyasında bir kadın ya da erkek değilsiniz: Sonsuz bir varlıksınız.

Eğer kendinizi iş yapan bir kadın veya erkek olarak kısıtlayacak olursanız, işlerinizi mümkün olan genişleyiciliğinden yürütmüyorsunuz demektir; çünkü sizin ve başkalarının ne olduğunun veya olmadığının tanımını bir yerlere koymuş olursunuz. Bir kadın veya erkek stiliyle iş yaptığınızda bunu iş ile ilintili olarak yapmazsınız. Kendiniz ile ilintili olarak yaparsınız. Dolayısıyla bu bilgiyi gerek duyduğunuzu elde etmekte size yardım etmesi için kullanın ve önemli hale getirmeyin.

Bir işte yaptığınız tüm seçimler Biz Krallığı ile ilintili olmalıdır. Eğer değilse, mümkün olan büyüme ve değişim düzeyini kesersiniz ve başka insanlardan alıp kabul edebileceklerinizi kısıtlarsınız.

Biz Krallığının gerçek gücü hem sizin hem de diğer herkesin işine yarayanı seçebilmektir.

24. Bölüm

Kendiniz olun ve dünyayı değiştirin

Birçok kişi işi ciddi bir konu olarak görür. Bir İşin Neşesi semineri vermek için salona girdiğimde sıklıkla ciddi ve gülümsemeyen bir katılımcı grubu ile karşılaşırım. Sanki bana "Şimdi işten konuşacağız. Bu ciddi bir şey. Ne yapacağız? Bir iş planı mı? Mali tablolar mı? Burada ne olacak ?"der gibidirler. Onların işe karşı olan tavrı konumuzu olduğundan daha ağır görünmesine sebep olur. Onlar iş yapmak için hafif ve neşeli bir alan yerine, kasılmış ve katı bir alan yaratırlar. İşi daha da "gerçek" hissettirebilmek için onun çevresinde travma ve dram yaratırlar. Eğer bir şey hafif ise ve hiç bir katılığı yoksa herhangi bir değerinin olmadığına inanıyor olabilirler. Bu da pek eğlenceli olamaz değil mi? (Olabilir!)

İşinizin hafif, eğlenceli ve neşeli olmasına gönüllü olmadığınız her yeri, gerçek, yıkıp yaratımını godzilyon kere iptal eder misiniz lütfen? Right and wrong, good and bad, POD and POC, all nine, shorts, boys and beyonds.

Kendiniz Olmak

İşinizi neşeli ve eğlenceli, kalabalıktan ayrıcalıklı hale getirmenin ve çılgınca başarılı olmanın en harika yollarından bir tanesi kendiniz olmaktır. Kendiniz olmak demek, o her neye benzerse benzesin, kendi realitenize sahip olmanız demektir. Bir başkasının bakış açısını satın almamak demektir. İnsanlar bir işi yaratıp oluştururlarken, benzer işlerdeki kişilerin neler yapmış olduklarını referans noktası alarak işe koyulurlar. Kendilerinin neyi bildiklerine bakmaksızın, daha önce nelerin yapılmış olduğuna, neyin başarılı neyin başarısız olduğuna bakarlar.

Good Vibes for You'da bizim yaklaşımımız, başka herkesin yapıyor oldukları yapmak ile bağdaşmaz, kendi şişelenmiş suyumuzu yaratırken izlediğimiz yöntem, işinizi sizin bildiklerinize dayanarak yaratıp oluşturursanız neler olabileceğinin bir örneğidir. Kısa bir süre önce, Queensland yerel hükümetine bir teklif sunduk. Eko-köyler inşa ediyorlardı ve bir su tedarikçisine ihtiyaçları vardı. İlk önce büyük bir su şirketine gittiler, ancak bu şirket çevre dostu olmalarını gerektiren bir sözleşme imzalamaya yanaşmıyorlardı, dolayısıyla Hükümet te diğer şirketleri teklif sunmaya davet etti. Biz de içinde "Bu gezegen sizden neye gereksinim duyuyor?" sorusunu içeren bir teklif sunduk.

Eko-köylerin bir temsilcisi ile beraber bir toplantıya girdik, bizim iş teklifimize baktı ve "Beni kısa bir süreliğine affedebilir misiniz lütfen? Bu teklifi yönetim kurulunun geri kalanına göstermek istiyorum da." dedi.

Temsilci bir süre sonra geri döndü ve şöyle dedi; " Daha önce 'Bu gezegen sizden neye gereksinim duyuyor?' gibi soru soran bir şirketle hiç karşılaşmadık. Sizin şirketinizle çalışmak istiyoruz. Şu sözleşmeyi imzalayabilir misiniz lütfen? Size 14 gün içinde ödemeyi yapacağız."

Bu soruyu teklifimize koyduğumuzda, bize çılgın ve farklı olduğumuz gözüyle bakılmasına ve işi alamamaya da gönüllü olmuştuk. Sonucun ne olduğuna bakmaksızın kendimiz olmayı seçtik ve gerçekten de bu bize sözleşmeyi kazandıran şey oldu. Biz diğer herkesin yaptığı şeyin aynısını yapmaya çalışmıyoruz. Biz her kim isek o oluyoruz ve bu da bizim işimize yarıyor.

Kendiniz olun ve işinizi genişletin.

Kendiniz olun ve dünyayı değiştirin.

Kendiniz olun ve parayı meydana çıkarın.

Hatırlayın: para neşeyi izler, neşe parayı izlemez

Ya Hafızanızı Kaybettiyseniz?

Siz işinizin neye benzemesini istiyorsanız öyle yaratıp oluşturun. Bir başkasının daha önce yaptığı bir şeyi referans noktası olarak almayın, hatta kendizin geçmişte yaptıklarınızı dahi. Sizin iş alanınızda başkalarının daha önce ne yaptıklarının hiç bir önemi yok. Sizin yaptıklarınızı, sadece siz yapabilirsiniz. Bir başkası ile aynı ürünü satıyor olabilirsiniz; ancak siz kendiniz olduğunuz zaman, ürününüzün çevresinde fark yaratan bambaşka bir enerji yaratırsınız. Siz muhteşemsiniz; dünyada benzersizsiniz. Dünyaya verecek bir hediyeniz var. O da "Kendiniz olun ve dünyayı değiştirin"dir. Ama "Bir başkası gibi olun ve dünyayı değiştirin." değildir. İşinizi diğer herkesin yürüttüğü gibi yürütmeyin.

Ya işinizi daha başka hiç kimsenin yürüttüğü gibi yürütmeseydiniz nasıl olurdu?

Hiç Kimsenin Sizi Durdurmasına İzin Vermeyin!

Daha önce size Virgin Atlantic ve bir yığın başka şirkete sahip olan İngiliz girişimci Sir Richard Branson'dan bahsetmiştim. Onun en son şirketlerinden bir tanesi; ücreti karşılığında müşterilerini uzaya taşımayı planlayan Virgin Galactic. Branson okul yıllarında disleksi (yazı okuma güçlüğü) sorunu yaşıyormuş. Akademik kayıtları zayıfmış ve üniversiteye gitmemiş. Çocukluğunda "Ben insanları aya götüreceğim." dermiş. Herkesin bu konuda neler düşündüğünü tahayyül edebileceğinizi düşünüyorum. Şimdi kendisi roketlere sahip! Onun felsefesi, "Hiç kimsenin sizi durdurmasına izin vermeyin!" şeklinde özetlenebilir. Ya Richard Branson arkadaşları ve ailesinin ona söylediği gibi "gerçek" bir iş sahibi olsaydı? Branson dünyamıza çok büyük bir etkide bulundu, eğer herkesin yaptığı gibi iş yürütmeye girişseydi, dünya bugün olduğundan oldukça farklı görünüyor olurdu.

Bu aslında hepimiz için geçerlidir. Eğer Gary Douglas, olduğu gibi harika ve acayip olmaya gönüllü olmasaydı, bunun bedeli ne olursa olsun, dünya bugün olduğundan daha farklı olacaktı. Eğer ben Access Consciousness'ın ne ile ilgili olduğunu anlamak için San Francisco'ya gitmemiş olsaydım, dünya daha farklı görünürdü. Eğer arkadaşım, Dr. Dain Heer, kiropraktör olmak için kariyerine yapmış olduğu büyük yatırımdan feragat ederek, enerjetik olarak çok daha fazla kendi olduğu, başka herkese bir hediye olduğu başka bir şeye yönelmeye gönüllü olmasaydı; dünya bugün çok farklı görünüyor olurdu.

Mümkün olduğunu bildiğiniz, dünyadaki değişimi yaratacak olan neyi olmayı reddediyorsunuz? Eğer kendiniz olmayı arzu ediyor olsaydınız, o enerjiyi izleyip ve mümkün olana kapıları açsaydınız, dünya üzerinde yaratacağınız etkiyi hayal edin!

Farkınızı, ne kadar oluşturabileceğinizi, tüm yapabileceklerinizi, olabileceklerinizi, sahip olabileceklerinizi, kendinizi oluşturabileceklerinizi ve yaratabileceklerinizi tanımaya gönüllü olmadığınız her yeri yıkıp yaratımını godzilyon kere iptal eder misiniz lütfen? Right and wrong, good and bad, POD and POC, all nine, shorts, boys and beyonds.

Her şey mümkün. Sizi durduran tek şey SİZSİNİZ!

Sonsöz

Bir keresinde bir kişi, Gary Douglas'a onun iş tanımının ne olduğunu sormuştu. Onun cevabı " Size para getiren bir şeyi yaparak hayatınızı genişleten şeyi yaratma neşesine iş denir." olmuştu. Bundan daha iyi nasıl olur? Size para getiren bir şeyi yaparak hayatınızı genişleten şeyi yaratma neşesi!

Sizin için hayatınızı genişleten, size para getiren şey nedir? Gerçekten de onu yaratıp oluşturuyor musunuz, her ne kadar delice olsa bile? Eğer bir fikriniz varsa ve hiç kimse onu yapmıyorsa. Bilin bakalım? Büyük bir ihtimalle harika bir fikirdir!

Gary Douglas ve Dr. Dain Heer'e duyduğum hayranlık, minnet ve saygıyı kelimeler ile tanımlamak mümkün değil. Sahip oldukları, bedeli her ne olursa olsun, her neye benzeyecek olursa olsun, bu gezegen üzerinde daha fazla farkındalık ve bilinç oluşturma ve yaratma hedefleri için minnetarım.

Ben varım. Ya siz?

Terimler Sözlüğü

Olmak Access Consciousness'da olmak kelimesi size atıfta bulunmak için kullanılır, sizin kim olduğunuzu düşündüğünüz yapay bakış açısının zıttına, gerçekten olduğunuz sonsuz varlık olarak.

Temizlik Cümlesi Access Consciousness'da kullandığımız temizlik cümlesi, "Right and wrong, good and bad, POD and POC, all nine, shorts,boys and beyonds." cümlesidir.

Right and wrong, good and bad; *'Bunun hakkında haklı, iyi, mükemmel ve doğru olan nedir? Bunu hakkında yanlış, berbat, korkunç, kötü ve rezil olan nedir? cümlelerinin kısaltmasıdır.*

POD *ise herneye karar verdiyseniz, o andan hemen önce gelen imha etme noktasıdır.*

POC *ise herneye karar verdiyseniz, o andan hemen önce gelen düşüncelerin, duyguların ve hislerin yaratılma noktasıdır.*

Bazen, temizlik cümlesini kullanın demek yerine, sadece "onu POD, POC'layın da deriz".

All nine *ise bizim defettiğimiz dokuz kat saçmalığı temsil eder. O dokuz kat saçmalığın içinde bir yerde bir at olmalıdır, çünkü eğer bir at olmasaydı bu at yükü kadar saçmalığı oraya tek başınıza koyamazdınız. Bu sizin kendi başınıza oluşturduğunuz saçmalıktır.*

Shorts *ise "Bunun hakkında anlamlı olan nedir? Bunun hakkında anlamsız olan nedir? Bunun cezası nedir? Bunun ödülü* nedir?" sorularının kısa versiyonudur.

Boys ise çekirdekleşmiş küreler anlamına gelir. Çocukların baloncuk borularını hiç gördünüz mü? Hani nereye üflerseniz bir baloncuk kütlesi oluşturusunuz. Baloncuklardan birisini patlatırsanız boşluk kendiliğinden hemen dolar, birisini daha patlatırsanız boşluk tekrar kendiliğinden hemen dolar. Onlar da aynen böyledir. Tamamını asla patlatmanız mümkün değilmiş gibi gelir.

Beyonds sizin olasılıklara bakma isteğinizi, nefesinizi, kalbinizi, durduran duyular veya hislerdir. İşiniz boğazına kadar borç içindeyken son ihtar mektubu alıp "Üfff be" demenize benzer. Onu şimdi beklemiyordunuz. İşte o bir beyonds'dur.

(Burada kullanılan temizlik cümlesi hakkındaki bilgilerin çoğunluğu, M. Douglas ve Dr. Dain Heer'in birçok harika kitabından bir tanesi olan *Right Riches for You, Sizin İçin Doğru Zenginlikler,* den alıntılanmıştır.)

Yazar hakkında

Avusturalya'nın Simone Milasas'ı fark yaratan dinamik bir iş lideridir. Simone, Access Consciousness® (www.accessconsciousness.com)'ın uluslararası koordinatörü, Good Vibes For You'nun kurucusu ve İşin Neşesini ateşleyen yaratıcı kıvılcımdır (www.accessjoyofbusiness.com).

Simone gençliğinden beri iş konusunda ve işle ilgili herşeyde tamamen farklı bir alandan işlemiştir. Gerçekten işi sever. Aslında sevmekten çok, o gerçekten işin NEŞESİNDEN işler.

Büyük, küçük kuruluşların oluşumu ve genişlemesinden zevk alır ve bir projenin gelişiminden, her türlü ölçüdeki grupların liderliği için araç, gereçe sahiptir. Simone bir fikrin doğuşunda, onun uygulanıp, yürütülüp zorluklarının giderilmesinde kolaylık, neşe ve ihtişam bulmayı becerir.

Simone'un iş dünyasına getirdiği fark, sürekli olarak soru sormaya olan istekliliği, olanlara farklı bakması, çalıştığı kişilere katkı olması ve daima yeni seçimler yapmasıdır. Kendi kelimeleriyle ' İş, hayatımda sürekli soru sorduğum ve asla bir cevabım olduğunu varsaymadığım alanlardan biridir. Ben daima birşeylerin farklı bir şekilde ortaya çıkmasına ve işe yaramadığında da değiştirmeye gönüllüyümdür. Bu benim için işin olabileceği maceradır.' der.

Çeşitli şirketlerde direktör olan ve katkıda bulunan Simone, işle ilgili farkındalığını genişletmeye devam ediyor ve işinizle ilgili farklı bir realiteye sahip olabilmeniz için sizi güçlendirecek araçları ve geliştirdiği teknikleri sizlerle paylaşıyor. Bu hedefi göz önünde tutarken, Simone, insanların yaptıklarına tamamen yeni bir enerji koymaları için onlarla çalışmaktadır. Simone İşin Neşesi ile, bu realitenin mümkün olabileceğini söylediğinin ötesinde iş yaratmanın yollarını size gösteriyor ve sizin işinizde mümkün olduğunu bildiklerinizi yaratmanız için dinamik ve etkili araçlar sunuyor.

www.ingramcontent.com/pod-product-compliance
Lightning Source LLC
Chambersburg PA
CBHW032329210326
41518CB00041B/1986